한국연구재단 저술출판지원사업 선정 도서

탈일자리 시대와 청년의 일

청년실업을 넘어, 새로운 일과 삶의 정의에 대하여

강민정

DEJOBBING

박영사

들어가는 말

세상을 바꾸는 힘으로서의 사회적 기업가정신은, 청년 실업의 시대 새로운 일과 삶의 대안을 찾는 청년들에게 좌표가 되어줄 것이라는 믿음에서 이 책을 쓰기 시작했다. 청년 실업의 시대를 끝내기 위해서는, 현재의 질서와 구조 속에 일자리를 늘리고 취업 경쟁에 뛰어드는 것이 아닌, 우리의 일과 삶 전반에 대한 질문을 던지고 그 속에서 새로운 모색이 필요하다는 이야기를 청년들에게 하고 싶었다.

세계적인 저성장으로 장기화된 청년실업은, 탈일자리(dejobbing) 시대를 맞아 '일'의 의미를 새롭게 정의해야 하는 시기와 맞물려 더욱 해답을 찾기 어려워졌다. 코로나 19는 우리의 일과 삶 전반에 일어나던 모호한 변화들을 한층 확실한 현상으로 바꾸어 냈다. 플랫폼 노동이 폭발적으로 증가했고, 전 세계에 걸친 재난기본소득에 대한 경험은 더 이상 기본소득에 대한 논쟁을 무의미하게 만들었다. 세상이 리셋(reset)이 되고 있고, 변화의 방향을 이해하고 설득할 사이도 없이 우리의 일상으로 그 변화가 밀려들고 있다. 그 변화의 와중에 청년들의 일과 삶은 더욱 위태로워지고 있다.

한림대학교 사회혁신전공에서 학생들에게 소셜벤처 창업
가로서의 꿈을 키워주고 그들의 성장을 돕게 된 건 내 삶의 큰
보람이자 행운이었다. 2018년에 처음 사회적 기업가정신을 접
한 학생들은 2021년 이 책을 출간하게 된 시점에 소셜벤처 창
업가로 성장했다. 지역청소년의 경험 부족 문제를 해결하여 누
구나 평등하게 꿈꾸는 세상을 만들겠다는 '윤슬'의 안수빈, 김현
희, 사회적 처방의 형태로 청년들의 정신건강을 돌보고 건강한
청년 문화를 만들어가겠다는 '달봄'의 손우정, 김가은, 춘천을
대표하는 캐릭터와 컨텐츠를 제작하는 '퍼니키'의 김지윤, 쌀의
맛과 영양을 살려 프리미엄 제품화하겠다는 '라이스마일'의 김
민정, 사회혁신 교육 창업을 꿈꾸며 소셜벤처 캐어유에서 일하
는 김민주가 그들이다.

나는 그들이 자랑스러우면서도 아프다. 세상에 사회혁신이
라는 멋진 세계가 있다는 것을 알게 되면서 소셜벤처 창업의
꿈을 키우고, 소셜벤처가를 만나 그들의 일과 삶의 이야기를 듣
고 악수라도 하면 설레어 하던 그들이다. 소셜벤처의 경영이슈
를 함께 해결해보며 뿌듯해 했고, 스스로 소셜벤처 창업을 위한
고객 검증도 해보고 사업계획을 수립해나가는 동안 늘 밝고 열
정 가득한 그들은 진지하고 의연했다. 그동안은 경험이고 활동
이었지만 이제 졸업을 앞두고 세상과 마주한 그들에게 세상은
얼마나 두려운 곳일까.

우리 사회는 그들이 성장하는 동안 얼마나 따뜻하게 그들
의 실패를 받아주고 안아줄까. 사회혁신 생태계 활성화와 임팩
트 투자 정책을 연구할 때 보이던 빈틈이 이제는 현실의 무게

가 되어 어깨를 짓누른다. 이제 그들을 위한 안전하고 건강한 창업 생태계를 조성하는 일, 그들에게 보다 많은 자원이 닿도록 하는 일은 발등에 떨어진 불이 되어 버렸다. 나도 그렇게 그들과 함께 손잡고 걸어가다 보면 내가 이 책에서 말하고자 했던 청년 스스로 열어가는 새로운 일과 삶의 모습이 실제로 그려지리라 믿는다.

이 책을 쓰는 동안 KAIST 사회적 기업가 MBA에서, 부산대 사회적 기업학 대학원에서, 서울시립대학교와 삼육대학교에서 사회적 기업가정신을 가르치며 많은 청년들을 만났다. 이미 소셜벤처가의 길로 들어선 학생들도 있었고, 나를 통해 사회적 기업가정신을 처음 접하는 학생들도 있었다. 청년들의 불안과 고뇌를 가까이에서 지켜보며 제대로 길을 알려주지 못해 늘 미안했고, 한걸음 앞서서 소셜벤처가의 길을 가고 있는 청년들에게서 늘 감동을 받았다.

이 책이 그들과 함께 고민하고 손잡고 가기를 바라는 한 어른 친구가 주는 격려와 지지가 되면 좋겠다. 누구도 해답을 알려주지 않는 시대에 새로운 일과 삶의 대안을 찾아 바쁜 발걸음을 옮기고 있는 청년들에게 이 책을 바친다.

2021년 봄 춘천 한림대에서
강민정

차례

●
●

사례

서론

어른을 믿지 말라는 이야기

청년에 대한 본격적인 글을 써야겠다고 생각한 건, '사회적기업가정신' 강의에서 학생들과 소셜 미션에 대한 이야기를 하던 중 이렇게 말을 한 이후였다. 어른들을 믿지 마요, 그냥 여러분들이 할 수 있는 걸 하고 그 속에서 대안을 찾아봐요. 지역에서 청년들이 모이는 플랫폼을 만들어서 뭔가 자기의 꿈도 찾고, 배우고, 지역문제도 해결하는 모임을 가지고 싶다는 학생이었다. 그리고 그 이야기를 듣는 순간, 그동안 그 많은 청년 창업 플랫폼에 대한 이야기를 들었을 때 느꼈던 진부함이 아닌, '그래, 이 방법밖에 없어'라는 생각이 들었다. 청년들을 당장의 일자리에 내몰기보다 생각하게 하고, 모여서 이야기하고, 함께 만들어보고, 경험하고, 그렇게 일하는 듯, 노는 듯, 찾는 듯 애매한 상태를 만들어주는 것. 그리고 그렇게 찾아오는 청년들을 환대하고, 심지어 초대하고 그렇게 하는 공간과 프로그램이 먼저라는 생각이 들었다.

그 오랜 시간 동안 청년실업은 우리 주위를 맴도는 중요한 사회문제이면서도, 어쩌면 이제는 일상화된 청년의 불안으로, 그리고 우리 사회의 암울한 미래로 전환되고 있으면서도, 아무도 그 문제에 대해 답을 내놓고 있지 않았다. 그 말을 내뱉으며 나의 가슴 한 편이 내려앉았다. '어른들을 믿지 말라니… 내가 어른인데 그래도 선생인데 그런 말이 어디 있나. 이게 정말 내가 학생들 앞에서 할 이야기였나.' 내내 가슴이 내려앉은 채로 신경이 쓰였다. 그러나 진심이었다. 내 주위의 어느 누구도 청년실업에 대한 해답을 갖고 있지 않았다.

청년들이 원하는 삶의 좌표

세상이 변화하고 있는데, 청년들이 원하는 삶의 좌표는 쉽게 변하지 않고 있다. 아이들이 어떻게 커주었으면 좋겠다는 부모들의 성공의 잣대도 변하지 않고 있다. 이미 이 시대가 과거의 성공의 잣대로 더 이상 살아갈 수 없는 시대인데, 청년들에게 그런 잣대를 들이대는 순간 대다수가 루저(loser)가 된다. 이렇게 대다수 청년이 루저가 되어가는 시대를 우리는 그냥 지켜보며 살아가고 있다.

좋은 교육을 받고 좋은 대학을 나와 안정적인 대기업에 취업하여 결혼을 하고 은행에서 대출을 얻어 집을 사고, 그 대출을 갚아나가면서 다시 아이들에게 좋은 교육을 시키는 삶의 선순환이 우리 사회가 그려놓은 평범한 중산층의 삶일진대, 그런 삶은 더 이상 평범하지 않다. 내가 자라올 때조차도 그런 삶은 말처럼 평범한 삶은 아니었다. 사람들이 그렇게 믿고 있을 뿐 대다수는 저임금과 장시간 노동에 시달리며 하루하루를 힘겹게 버티고 있었다.

그렇게 쉽지 않은 삶이었지만, 그렇게 누리는 사람들이 생겨났다. 비록 한 명 한 명의 삶은 힘겹고 버거웠어도, 대규모 공장들과 대기업들은 일자리를 계속 내놓았고, 우리 세대는 어디에선가 일을 할 수 있었다. 그런 시절을 거치며, 결혼도 하고 아파트 평수를 늘

려가고, 아이들 사교육비에 엄청난 돈을 쏟아 부으며 그렇게 살 수가 있었다. 그런 평범하지 않으면서도 '평범한 삶'으로 간주되었던 삶이 그래도 가능했던 것은 우리 역사에서 딱 30년 정도인 것 같다.

인류 역사를 돌아보아도 이렇게 산업혁명을 거치면서 개별 시민들이 큰 공장이나 조직에 취업을 하고 그곳에서 임금노동자의 삶을 살면서, 중산층으로 진입할 수 있는 시점은 그리 길지 않다. 인류는 대부분의 시간을 농사를 짓거나, 장인 등 오늘날의 표현으로는 자영업자로 살았고, 개인들은 마을 단위에서 공동체의 삶을 살았다.

이제 좌표를 바꿔야 할 때

더 이상 일자리를 보장하지 않는 대기업에 취직하기 위해 얼마나 많은 아이들이 체제순응적인 모범생 교육을 받아야 하는가? 자신의 노후를 생각하지 않고 아이들의 사교육비에 전 재산을 쏟아 붓는 일을 언제까지 해야 할 것인가? 그 중의 몇 명이 실제로 그런 '바람직한 미래'로 진입할 것인가?

그런 가운데 여전히 대치동은 시대의 주류 자리를 내놓지 않고 있다. 아직, 그 부모들이 혹은 그 부모를 동경하는 부모들은 아이들을 그렇게 키우는 것이 최고라고 믿는다. 이 시대를 살아가는 대다수의 부모들은 선행학습의 나이가 계속 한 살씩 빨라지는 늪에서 헤어나오지 못하고 있다. 그러면, 그 밖의 대안이 있기는 한 것일까? 사회 곳곳에서 그렇게 살지 않겠다는 선언이 나오고 있다. 사교육 없는 세상을 위한 학부모 모임도 있고, 대안학교에 아이를 보내는 부모도 있다. TV에도 소개되고, 책도 나온다. 그러나 아직 대다수가 그 삶을 나 자신과 결부지어 전환을 가져오기에는 소수 특별한 사람들의 이야기일 뿐이다.

나는 이 책에서, 어떤 이들에게는 현재의 지배적인 사회상 속에 침착된 삶의 모습이, 결코 바람직하지도 혹은 가능하지도 않은 삶이라는 이야기를 하고 싶었다. 도대체 우리의 청년들은 어떤 삶을 살아가야 할까? 그들에게는 어떤 대안이 있으며, 그 대안을 스스로 찾아가기 위해 지금 여기서 무엇을 할 수 있을 것인가? 오늘 이 땅에서 그 해답을 구하기 위해 힘겨운 하루하루를 보내고 있을 청년들과, '내 자식만은 어떻게 되겠지'라는 막연한 기대 속에 자신의 노후를 저당잡힌 부모들과, 누구도 지지해주지 않지만, 그래도 스스로의 삶의 대안을 찾아가고 있는 청년들에게 이 책이 어른이 주는 '위안'이 아닌 '격려'와 '대안'이 되길 바란다.

창업의 개념이 바뀌고 있다

이 책을 쓰기로 생각한 또 하나의 중요한 계기는 창업의 개념이 바뀌고 있다는 점을 깨달으면서부터이다. 이전 같으면 창업은 자신이 모아놓은 자산이나 가족들의 삶까지도 흔들 수 있는 상당히 위험한 일로 여겨질 것들이었다. 실제로 우리 세대에서 어릴 때 어디선가 꼭 들어봤을 만한 이야기가 있다. '아버지가 사업에 실패하셔서, 집안이 어려워졌고 그래서 온 집안이 단칸방에 살게 되었다'는 식의 널리 알려진 이야기. 그런 경험에서인지, 우리 세대의 사람들은 사업은 위험한 일이고 대기업에 취직해서 조직생활을 잘 하다가 퇴직하는 삶을 가장 바람직한 삶의 형태로 여기게 되었다.

결국 모범적으로 학교생활을 마친 청년이 대기업이라는 조직에 들어가서 모범적인 직장생활을 마치고 은퇴하게 된다는 모델을 사람들은 좋은 삶으로 여기게 되었다. 하지만 실제로 그런 가장은

대기업이 지속적으로 좋은 일자리를 생산해 내던 80년대는 물론이
고, 2000년대 초반까지도 극소수에 지나지 않았다. 그럼에도 불구
하고 그런 삶을 바람직하다고 생각했던 건, 적어도 한국 사회에서
대학교육을 받고, 크게 굴곡을 겪지 않았다면 그런 삶을 살아가는
일이 가능한 시절이 있기 때문이었다.

　젊은이들에게 창업을 하라고 했을 때, 그래서 당장 나오는 이
야기들이 창업은 아무나 하는 것이 아니다, 창업이 얼마나 어려운
일인데 그러느냐이다. 물론 이러한 반응은 정작 청년들보다 어른들
한테서 더 많이 나온다. 실제로 창업은 어렵고 책임감이 많이 드는
일이다. 이 책에서는 '창업이 어렵다'는 담론에서의 창업과 오늘날
직업의 대안으로서의 창업의 개념이 다르다는 점을 이야기 하고 싶
다. 2000년대 벤처 붐이 불면서, 많은 사람들이 대기업 조직을 박
차고 나와 창업을 하기에 이르렀고, 그 중에서는 성공신화를 쓴 이
도 있고, 실패한 이들도 있다. 창업은 어찌 보면 고위험 고수익(high
risk high return)과 같은 위험한 일이기도 하였다.

　그런 수준의 창업은 투자자가 나서야 하고, 실제 고용을 창출
해내는 큰 규모의 창업이다. 실제 이런 수준의 창업은 소수의 스타
창업가들에게 가능한 일이었을 수 있다. 오늘날 모든 청년들에게 이
러한 형태의 창업을 염두에 두고 도전하라고 하는 것은 무리이다.

　하지만 대기업에 취직해서 조직의 보호를 받는 대신, 각자가
가진 취미와 특기를 최대한 살려서 창업을 하고, 창업자들끼리 연
대하고 협력하는 속에 자유롭고 풍요로운 삶을 사는 모습처럼, 기
존 일자리의 대안으로서의 창업을 생각해볼 수 있다. 일정한 규모
의 조직을 염두에 둔 일자리가 아니라, 스스로 일자리를 창출하는

규모의 창업이라면, 아주 작은 규모라도 좋다. 1인도 좋고, 마음 맞는 친구들과 서너 명이 모인 창업도 좋다.

다행히, 청년들을 위한 창업 플랫폼들이 이런 활동을 지원하고 있다. 서울혁신파크, 경기문화창작소처럼 청년들을 선발해서 창업 공간을 제공하는 경우도 있지만, 그저 모여서 뭔가 하고 싶은 청년들이 나와서 공간을 공유하며, 교류하고, 그러한 가운데 뭔가를 만들어내라는 코워킹 스페이스(co-working space)나, 공유 점포(sharing가게)처럼 매대를 여러 개 두고 손님이 보기에는 편집숍인데 매대마다 사장이 다른 그런 곳들도 있다.

문제는 경제 활동이 가능하기까지 이들이 어떻게 생계를 꾸려갈 것인가이다. 서울시의 청년수당, 경기도의 청년기본소득 같은 정책들은, 소모적인 시간제 아르바이트에 미래를 준비할 시간과 에너지를 갉아 먹히는 청년들에게 최소한의 경제적 지원으로 숨통을 틔워주는 노력들이라고 할 수 있다.

청년들이 기본소득으로 최소한의 생계를 꾸려가며, 코워킹 스페이스에서 자신이 하고 싶은 일을 실험하고, 거기서 동료를 만나고, 그곳에서 어른들의 도움과 환대를 받으며 자신의 미래를 준비하는 것. 그렇게 준비해서 어떤 이는 작은 가게를 낼 수도 있고, 어떤 이는 앱을 개발하여 인터넷이나 모바일 플랫폼에 올릴 수도 있고, 어떤 이는 이러한 곳들에 취직을 할 수도 있을 것이다.

이러한 곳에서 시간을 보내는 것에 대해 대다수 어른들은 걱정의 시선으로 바라볼 수도 있다. 하지만 청년들에게 아무 일이나 하라고 내몰기보다는 자기 일에 대한 모색의 시간, 쉼의 시간이 필요하고, 또, 함께 모여 있음으로써 청년들의 아이디어가 충만해지고 실행력을 갖추게 될 수 있음에 대해 관대해질 필요가 있다. 언제까지 다수의 청년들에게, 대기업의 꿈을 꾸게 할 것인가.

이제 청년들은 스스로 자신의 일자리를 창출해야 하는 시대다. 그것이 창업이다.

청년실업에 대한 접근을 바꿀 때

청년실업을 해결하기 위해 오랜 시간과 예산이 투입되고 있지만, 상황은 크게 좋아지지 않고 있다. 이는 예전에 취직이 잘되던 청년이 왜 갑자기 취직이 되지 않았는가, 혹은 청년들에게 일자리를 만들어주기 위해 기업들이 더 나서야 하는 것 아닌가, 심지어 요즘 청년들은 편한 일자리만 가려고 한다, 젊어서 고생은 사서 고생이니 험한 일도 마다하지 말아야 한다는 등의 시각으로 청년 일자리를 바라보기 때문이다.

기존의 관점에서 바라볼 것이 아니라 우리 사회가 더 이상 좋은 일자리를 생산해내는 데 한계에 부딪쳤다는 점을 인식해야 하고, 이제 관점을 전환해야 한다. 오늘의 청년 실업 문제를 기존의 일자리 패러다임 속에서 보게 되면 답이 나오지 않는다. 이러한 상황에서 결국 방법은, 새로운 시대를 맞아 기존에 우리가 일자리라고 생각하지 않던 일을 일자리로 새롭게 발굴하거나, 새로운 시대에 걸맞은 일자리를 창출하거나, 청년들 스스로 새로운 일과 삶을 정의하도록 하여야 한다.

이렇듯 여러 방면의 노력이 이루어져야 하겠지만, 이 책은 그 중에서도 청년들 스스로 새로운 일과 삶을 정의하도록 하는 접근에 대해 이야기하고자 한다.

청년은 누구인가?

청년은 누구인가? 청년고용촉진특별법에서는 15~29세를 청년으로 보고 있으며, 청년 미취업자를 의무적으로 고용하는 경우는 34세까지를 청년으로 보고 있다. 나이를 기준으로 본다면 대략 15~34세까지를 청년이라고 할 수 있다. 이 시기 청년은 취업이나 결혼과 같이 인생의 중요한 일들을 준비하여 이루어낼 것이 기대된다. 또한, 청년은 육체적으로나 정신적으로 가장 왕성하며, 자유롭다. 자유로움은 온전히 자신에게 초점을 맞추어 생활할 수 있기 때문에 가능하며, 청년으로 하여금 능동적이고 자발적인 삶을 가능하게 한다. 또한 이러한 자유로움은 청년들에게 다양한 가능성과 열린 미래를 꿈꾸게 한다.

청년에 대한 정책적 초점은 취업과 주거, 결혼과 같은 것이 대부분인데, 정부 예산이 사용되다 보니 가시적인 성과를 내야 하고, 최소한의 삶의 근거를 마련해주는 방향으로 맞춰져 있다. 청년의 자유로움과 가능성을 그들 스스로의 일자리를 창출하는 데 활용하려면, 최소한의 삶의 근거를 넘어 스스로 일을 찾고 모색하는 환경을 만드는 것이어야 한다.

일각에서는 청년들에게 왜 정부와 지방자치단체의 예산이 쓰여져야 하는지 문제를 제기하기도 한다. 여성, 아동, 청소년, 노인, 장애인 등 우리 사회에 취약한 대상은 정책적으로 보호의 대상이다. 청년 세대는 오랜 실업 시대를 거치며 경제적, 심리적, 사회적으로 심각한 어려움을 겪고 있는 취약한 대상이라는 점부터 받아들여야 한다. 청년들은 일자리뿐만 아니라 주거, 식생활, 교육 등에서도 열악한 환경을 견디고 있으며, 이러한 상황은 청년들이 정치적 목소리를 내거나 의사결정에 참여하는 다양한 형태의 활동에도 제약이 되고 있다.

청년실업은 왜 문제인가?

실업은 개인의 삶과 건강을 파괴한다. 특히 청년실업 문제는 청년세대의 문제로 끝나지 않는다. 청년이 노동에서 소외된다는 것은 사회 전체의 안정성을 위협한다. 높은 청년 실업률 속에서 청년들은 끊임없는 불만을 느끼게 된다. 특히 가족의 연대가 강한 한국 사회에서 청년이 된 자녀들이 부모의 그늘 하에 살게 되면서, 과거에 비해 한국의 부모세대는 자녀들을 훨씬 더 오래 보살펴야 하고, 은퇴할 나이를 지나서도 더 일해야 한다.

청년 실업으로 당장 고통 받는 사람은 바로 청년 당사자들이다. 첫째, 청년들의 실업 상태가 계속되면 사회적 인맥을 쌓기가 힘들어진다. 각자가 보유한 인적 자본과 사회적 자본이 망가지게 되면 취업 기회를 얻는 것에도 불리하다. 둘째, 사회생활 초년의 실업은 평생 개인의 소득 격차를 20%로 벌려 이를 다시 만회하려면 20년까지 걸린다는 통계도 있다.[1] 셋째, 실업을 통해 성인으로서 누려야 할 관계로부터 소외되면서 행복감과 삶의 만족도를 저하시켜 삶의 질을 떨어뜨린다. 즉, 청년기의 실업은 단순히 놀고 지내는 문제가 아닌 정신건강에 영향을 미치게 되며 심지어 청년들의 잠재적 자살 위험을 높인다. 넷째, 부모 세대들의 경제적, 심리적 부담으로 돌아와 청년 자신은 물론이고 가족까지 빈곤의 늪에 빠뜨릴 수 있

---

1) Vogel, P. (2015), *Generation Jobless?: Turning the youth unemployment crisis into opportunity*, Palgrave Macmillan [배충효 역, 『청년실업 미래보고서』, 서울: 원더박스, 2016].

다. 이런 청년들은 결혼해서 자기 자녀를 낳을 엄두를 내지 못하고,
가정을 이루는 나이 역시 30대 혹은 40대를 훌쩍 넘어서게 된다.
스페인은 25~29세 인구의 50% 이상이 부모 집에서 함께 거주하고
있고, 한국은 미혼 남성의 72.7%, 미혼 여성의 78.8%가 부모와 함
께 살고 있다.[2] 우리나라의 경우 서구 사회에 비해 결혼 전에 독립
하는 경우가 많지 않음을 고려할 때, 반드시 실업으로 인한 캥거루
족이라고만 할 수는 없으나, 성인 자녀가 부모에게 의지하는 경우
가 많음을 알 수 있다. 다섯째, 이 와중에 무슨 일이든 가리지 않고
일하게 된 청년들은 경험이나 훈련이 필요없는 시간제 일자리나 임
시직으로 사회생활을 시작하게 되어 오래도록 벗어나지 못한다. 마
지막으로, 현재의 청년세대를 실업세대로 그대로 방치하게 될 경
우, 다시금 세계 경기가 회복되고 일자리가 늘어난다 한들, 그들이
취업을 하게 되는 것이 아니라 다음 세대의 청년들에게 채용의 기
회가 가게 될 것이다.

청년실업에 대하여 어른들이 해야 할 일은 무엇인가?

청년 세대의 절망을 다룬 책들 중 『노오력의 배신』[3]에는 기나
긴 실업의 시대를 지나는 청년들의 절망과 이를 이겨내고자 하는
다양한 양상이 담겨있다. 『아프니까 청춘이다』[4]에 대한 환영과 냉
소가 교차하지만, 실제 청년들은 자신에게 건네는 어른들의 따뜻한
말에서 위로를 받고 있었다. 하지만 어른들은 이제 위로를 넘어 그
들이 살아온 시간만큼의 성찰을 나눠줄 필요가 있다. 위로만 건네

2) 한국보건사회연구원, 『2018 전국 출산력 및 가족보건·복지실태조사』.
3) 조한혜정 외 (2016), 『노오력의 배신』, 서울: 창작과 비평.
4) 김난도 (2010), 『아프니까 청춘이다』, 서울: 쌤앤파커스.

는 것이 아닌, 오늘날 청년세대가 겪고 있는 문제가 모든 세대가 겪은 그저 그런 어려움이 아니라는 인식에서 출발해야 한다. 적어도 오늘의 문제가 구조화된 빈곤과 악순환으로 옮겨갈 가능성이 있으며, 그렇다면 어른들도 함께 그 방법을 찾아나가야 하지 않을까.

그러기 위해서 제일 먼저 해야 할 일은 우리 세대가 오래도록 믿어온 바람직한 삶이란 무엇인가에 대한 진지한 성찰이다. 우리가 믿고 있는 바람직한 삶의 내용은 무엇인가? 우리 세대가 믿고 있는 바람직한 삶의 내용이 중산층으로의 진입이라면, 이룰 수 없는 중산층의 꿈을 부모와 자식이 같이 꾸고, 그렇게 살아갈 수 없는 자식의 좌절과 부모의 안타까움을 벗어나려면, 꿈의 방향을 바꿔내는 것도 방법이다. 즉, 다같이 루저(loser)가 되는 삶에서 각자의 삶을 위너(winner)의 삶으로 만들어가는 방법을 고민하는 것이다.

청년실업을 넘어 새로운 일과 삶의 정의에 대하여

대안적 삶은 일에 대한 시각의 전환에서 출발한다. 먼저, 지금까지 바람직하다고 믿어온 노동지상주의에 대한 성찰이 필요하다. 밤잠 안자고 노동하는 것을 부지런하다고 칭송하는 것이 맞는가? 생산성이 발달된 사회에서 굳이 사람들이 밤잠 안 자고 일을 해야만 할까? 조금 일하고 여유를 누리며 정치를 논하고 취미로 시간을 보내면 좀 안 되나? 우리는 이러한 삶을 선망하면서도 정작 노동에서 벗어나면 쓸모없어졌다고 생각하고 많아진 시간을 어쩔 줄 몰라 한다. 경제적 자립이 뒷받침되지 않아 노동해야만 먹고 살 수 있는 상황에서는 노동에서 벗어나는 것이 비극이지만, 어느 정도 경제적 기반이 주어진 상태라면 이야기가 달라진다.

영국의 경제학자 케인즈(John Keynes)는 1930년에 발표한 <우

리 후손들을 위한 경제적 가능성(Economic Possibilities for our grandchildren)＞이라는 글에서, 100년 뒤인 2030년에는 인류가 주당 15시간 가량만 일하면 생존에 필요한 모든 재화와 서비스를 생산할 수 있으므로, 나머지 시간에는 문화와 예술과 철학을 즐기며 살아갈 것이라고 예측하였다. 그 전제는 100년간 단 2%의 경제성장률이 지속되면 인류 전체가 적게 노동하고 여가를 즐기며 삶의 질을 높일 수 있다는 것이다.[5] 케인즈가 예측한 자본주의 발전의 방향이라면 인류는 벌써 그런 삶을 누렸어야만 했다. 그렇게 되지 않은 것은 왜일까?

그 이유는 차치하고라도, 자본주의가 원했던 인간의 삶은 이렇게 적게 일하고 여유롭게 사는 모습이었다는 점을 바라보자. 이렇게 노동지상주의를 벗어나게 되면, 노동으로 이루어낼 성공의 의미, 성공에 다다르기 위한 경쟁의 의미를 다시 생각하게 된다. 누구에게나 어느 정도의 삶의 여건이 주어진다면 성공은 사람에 따라 선택가능한 옵션일 뿐이다. 한정된 자원 때문에 경쟁하고 성공해야만 했다면, 이러한 경쟁과 성공의 패러다임을 협력과 공생, 나눔으로 바꾸어 내는 것은 어떤가.

더 이상 이룰 수 없는 꿈을 꾸며 대다수가 루저가 되어 좌절하는 삶이 아니라, 다양한 삶의 가치에 대해 성찰하고, 물질지상주의에서 벗어나고, 일률적인 성공지상주의에서 벗어나야 한다. 그렇다고 이런 방식이 소시민적 삶을 지향하는 것으로 환치되어서는 곤란

5) Skidelsky. R. & Skidelsky E. (2012), *How Much is Enough?: The Economics of The Good Life*, Peters Fraser & Dunlop [김병화 역, 『얼마나 있어야 충분한가』, 서울: 부키, 2013].

하다. 인류의 평등과 평화를 논하며, 윤리적 소비를 하고, 정치적으로 깨어있으며, 독립적 성인으로서 경제적으로 자립하고 자존감을 가지고 충만한 삶을 살아가는 그런 모습이다.

청년들이 사회혁신의 주인공이 되어야 한다

이를 위해, 가장 먼저 청년들이 나서야 한다. 청년들 스스로 현재의 사회체제를 당연하게 받아들이지 말고 변화를 위한 다양한 노력을 기울여야 한다. 다양한 삶의 방법에 대한 모색과 실험, 그리고 활발한 대화가 이루어져야 한다.

다양한 실험을 통해 바람직한 삶의 형태를 모색하고, 그 가운데 사회구성원의 인식을 바꿔나가며, 사회변화를 실천해나가는 것을 우리는 '사회혁신(social innovation)'이라고 부르며, 이러한 사회혁신을 이루어가는 리더를 이 시대는 사회혁신가 혹은 사회적 기업가라고 호명한다.

여기서 사회적 기업가는 사회혁신의 리더일 수도 있고, 사회적 경제를 만들어나가는 시민, 협동조합 조합원, 윤리적 소비를 해나가는 정치적으로 각성한 시민이 될 수 있다. 대안적 삶을 모색하고, 이러한 형태를 주류로 만들어내는 데는 대다수 사회구성원의 참여가 필요하다.

청년들이 스스로 자기 삶의 방향을 모색하고 새로운 시대에 걸맞는 일을 찾아가며 행복한 삶을 살아가도록 격려하는 것이 이 책이 세상에 나온 이유이다. 이제 그 여정을 시작해보자.

청년실업과 청년의 일과 삶

1) 청년 실업의 장기화

ILO의 공식 통계에 따르면 세계 청년실업률은 2019년 기준, 13.6%로 나타나, 청년실업자는 7,000만 명에 달했고, 취업을 한 경우도 비정규직, 임시직 취업 등 청년들은 만성적인 불안정 노동에 시달리고 있다. 한국의 경우도, 청년실업률은 지속적으로 올라 2019년 청년층(15~29) 실업률은 8.9%로, 2016년 들어 12%로 역사상 가장 높은 실업률을 나타낸 이후 가시적인 개선 없이 9%대를 유지하고 있는 상황이다.

청년실업은 전세계적인 현상

청년 고용 위기는 전 세계적인 현상으로서, 선진국들은 이미 오래전부터 청년실업 문제를 심각하게 다뤄오고 있었다. 2009년 글로벌 경제위기 이후에는 저개발국에도 이러한 청년고용 위기가 퍼져나가게 되었다. 청년 고용 위기가 전 세계로 퍼져나간 이유는, 우선 세계경제가 노동 및 자본집약적인 산업 중심에서 지식기반 산업으로 재편되었다는 점을 들 수 있다. 기업들이 경쟁력 강화를 위해 다수의 고용보다는 소수 인재중심으로 인력을 채용하게 되면서 고용 없는 성장의 시대가 열렸다.

두 번째는 1990년대 이후 세계 경제를 지배한 신자유주의 체제 하에서, 정부는 재정 규모를 축소하고, 공무원 수를 줄이고, 공공부문을 민영화하는 등 작은 정부를 지향하였다. 소위 '기업하기 좋은 환경을 조성'한다는 정책 기조 하에 노동의 유연화가 확대되었고, 법인세 감세와 각종 규제 완화가 이루어지게 된다. 그 결과 공공부문의 괜찮은 일자리가 줄어들었고, 비정규직이 급격히 늘어나면서 취업이 된다 하더라도 낮은 소득과 불안한 고용이 만연하게 되었다. 한국의 경우 IMF위기를 거치면서 이러한 정책이 전면적으로 도입되었고 청년 고용도 여기에 영향을 받게 된다.

2) 수요측면에서의 원인

거시경제의 침체

청년실업이 증가하게 된 가장 첫 번째 원인은 전 세계적으로 거시경제가 침체하고 있기 때문이다. 일반적으로 경제 위기가 닥쳤을 때, 일반 성인보다 청년 고용이 더 영향을 받는다. 여기에 청년들 스스로 새로운 취업 기회를 탐색하기 위해 감행하는 자발적 실업도 증가하게 된다. 또한 경기 침체기에 기업은 해고를 고민하기 전에 일단 신입사원 채용부터 중단한다. 세계 경제는 벌써부터 저성장 시대로 진입하였고, 거시 경제 지표가 좋아질 가망은 별로 보이지 않는 상황에서 청년실업 문제는 쉽게 해결되지 않을 것으로 보인다.

한국의 경우를 보더라도, 2019년 경제성장률은 2.0%, 코로나19 확산으로 인해 경제활동이 위축되었던 2020년도는 성장률이 −1.0%에 그쳤다. 2040년 이후에는 경제성장률이 1%에 그칠 것이라 예측되고 있는데,[1] 이는 저출산에 의해 인구가 급격이 줄어들기 때문이다.

---

1) 국가예산정책처 (2020), "2020 NABO 장기 재정 전망"

3) 공급측면에서의 원인

저출산의 영향

우리나라의 출산률은 2000년대 들어 1명이 약간 넘다가 최근 1명 이하(2020년, 0.84명)로 떨어져, OECD 국가 중 출산율이 가장 낮은 국가가 되었다. 이렇게 인구가 감소하게 되면 일자리를 두고 경쟁하는 일이 줄어들겠지만, 소비 인구 감소로 경기 침체를 가져와 결국 또 청년 일자리가 줄어들게 되는 양면성이 있다.

그렇다면 우리나라의 저출산 상황은 어떻게 청년 일자리에 영향을 미치고 있을까. 취업이 주로 이루어지는 20대 청년인구의 변화를 보게 되면, 1993년에 870만 명을 넘어선 이후 꾸준히 감소해 2012년도에는 200만 명이 줄어들게 된다. 매년 10만 명씩 20대 인구가 줄어든 셈이다. 20대 인구가 이렇게 줄어든 시기에 청년 고용지표는 더 나빠졌다. 인구가 감소한다고 해서 취업상황이 좋아지지는 않음을 알 수 있다.

2013년부터는 20대 청년 인구가 다시 늘어나고 있는데, 이는 그 부모세대가 바로 2차 베이비붐 세대(1968~1974년생)로서 인구가 급격히 증가한 세대이기 때문이다. 2차 베이비붐 세대의 자식 세대를 2차 에코붐 세대(echo boomers, 1991~1996)라고 하는데 이들이 청년으로 성장한 2013년~2017년 시기에 20대 초반 인구가 늘었고 2018년부터 20대 후반 인구가 증가하면서 청년 고용 지표가 개선되기는 힘든 상황이다. 그러나 이는 일시적인 현상이고 20대 인구도 7만여 명 수준이어서 고용절벽과 같은 용어는 저널리즘의 과도한 해석이라고 보아야 할 것이다.[2]

---

2) 김기헌 (2018), 『청년프레임』, 서울: 이담.

2020년 이후에는 저출산 현상이 20대 인구에 영향을 미치기 시작하면서 청년 인구가 매년 20만 명씩 줄어들 것으로 예측되고 있다.

인구고령화의 영향

저출산이 인구의 규모와 관련된 것이라면, 인구 고령화는 인구 구성과 관련된 현상이다. 우리나라의 인구 고령화 추세는 저출산보다 훨씬 빠르게 진행되고 있다. 15~64세를 생산가능 연령으로 보고 이를 65세 이상의 인구수와 비교해 보자. 이를 인구부양비라고 하는데, 생산가능인구 100명당 65세 이상 인구로 나타낸다. 인구부양비는 1960~70년대에 5명에 불과하던 것이, 2000년 들어서 10명 이상으로 늘어났으며, 2020년에는 22.4명에서 2040년 61.6명으로 급증할 전망이다.[3]

흔히 인구고령화로 고령층이 더 오래 일을 하게 되면서 청년층의 일자리를 갉아먹는 것처럼 생각하는데, 이는 사실과 다르다. 지난 30년에 걸쳐 20대 후반과 60대 초반을 비교해 본 결과, 고령층의 고용률과 청년층의 고용률은 함께 높아지고, 함께 낮아졌다. 즉, 고용률은 경기 침체에 따라 고용여건이 나빠지면 고령층이나 청년층이나 취업하기가 어려운 것이지, 청년 일자리와 고령층의 일자리는 대체관계에 있지 않다. OECD 34개국과 G7국가에서도 마찬가지 현상이 나타나고 있다.

다만, 2016년과 2017년은 청년 인구가 일시적으로 늘어났던

---

3) 통계청 (2020), '2019년 장래인구특별추계를 반영한 내외국민 인구 전망 2017~2040'.

시기인데다 정년연장 제도의 도입으로 은퇴시기가 미뤄지면서 청년고용 상황에 영향을 미쳤을 가능성이 있다. 마찬가지로, 2023년 이후 청년 인구가 20만 명씩 줄어드는 상황에서 베이비붐 세대도 대규모로 은퇴를 맞이하게 되면서 청년고용지표가 일시적으로 개선될 수도 있다. 2023년부터 2028년까지는 생산가능인구가 매년 30만 명씩 줄어들 예정이기 때문이다.

고학력화의 영향

고학력화는 대졸 노동시장과 관련된 것으로서 고학력 인구가 많아지면서 협소한 대졸 노동시장을 두고 취업경쟁이 더욱 치열해지는 현상이 나타난다. 우리나라는 빠르게 고학력화가 일어나, 한 시대를 살아가는 세대간 학력 격차가 크게 벌어져 있다. OECD에서 최근 발표한 자료를 살펴보면, 한국의 경우 25세에서 34세 청년층 중 전문대 이상을 졸업한 고등교육 이수율은 69.8%이다. 반면, 55~64세 노년층의 고등교육 이수율은 24.4% 수준이다.[4] 한국은 비교대상 국가 중에서 청년층과 노년층의 고등교육 이수율의 차이가 가장 큰 나라로 나타났다.

청년인구가 감소하여도 고용지표가 악화된 주된 이유는 이렇듯 청년 대다수가 대학을 졸업하게 되면서, 한정된 고학력 취업시장의 경쟁이 격화된 이유가 크며, 결국 청년들은 하향 취업을 선택해 그 규모 또한 30%로 추산된다. 1965년에는 10만 명 정도가 전문대학 이상이던 것이, 1985년에는 1백만 명, 1995년에는 2백만 명, 2000년 이후 3백만 명을 넘어서면서, 대학교육을 받은 인구가

---

4) 교육부 (2020), 『경제협력개발기구(OECD) 교육지표 2020』 결과 발표 보도자료.

불과 20년 만에 3배 이상 증가하였다. 1970년대 30%도 못 미치던 대학진학률은, 2000년 이후 80%로 증가하였다.

2019년 기준 한국의 대학교육 이수율(69.8%)은 OECD 국가 중 최고이며 OECD 평균 45%에 비해도 월등하게 높다. 그러나, 전체 고등학생 가운데 직업학교에 다니는 이들의 비중을 보게 되면, OECD는 평균 40%(2017년 기준)인 데 비해 한국은 20%(2018년)에 불과한 것으로 나타났다. 한국의 청년들은 어릴 때부터 좋은 대학에 가려고 교육을 받았으며, 끊임없는 스펙 경쟁을 치르고 있는 것이다.

대학진학이 성공을 보장하던 시대는 끝이 났다. 그런데도, 왜 다들 대학에 가려고 하는가? 대학을 가지 않고도 제대로 취업이 되고 자기 삶을 영위할 수 있는 사회라면, 한국의 청년들이 무의미한 스펙 경쟁에 매달릴 필요가 없을 것이다. 덴마크, 스웨덴, 핀란드, 아이슬란드, 스웨덴과 같은 북유럽 국가들은 대학등록금을 내지 않지만 대학진학률은 40%를 넘기지 않는다.

한국사회는 대다수의 젊은이들이 대학에 가지 않아도 안정적인 삶을 영위할 수 있는 일자리를 만들어내는 과제를 오랫동안 안고 있어 왔다. 적어도 대학을 나온 청년들이 대기업 등 안정적인 직장을 가질 수 있을 때까지는 그러했다. 대학은 산업화 이행기에 안정된 직장과 신분 상승의 통로였지만, 광범위한 청년 실업의 시대에 대학은 더 이상 취업을 보장해주지 않는다. 결국, 우리 사회는 대학을 가지 않아도 안정적인 삶을 영위할 수 있는 일자리를 만들어내는 과제를 해결하기도 전에, 대학을 나온 사람들조차 일자리를 찾지 못하는 사회로 급격히 변화하고 말았다. 이것은 고스란히 청년들의 삶을 더 팍팍하게 만들었으며 미래에 대한 불안과 걱정을 증폭시키는 결과를 낳았다.

어쩌면 이제 한국의 청년들은 외국처럼 대학에 가지 않아도 괜찮은 일자리와 좋은 삶이 가능해서가 아니라, 대학에 가봐야 제대로 취업이 되지 않는 현실 때문에, '몰려서' 할 수 없이 대학에 가지 않는 세대로 전환될 지도 모른다. 그리고 비록 내몰려서 일어난 일이라도, 이러한 모습으로의 이행은 바람직한 것일 수 있다. 다만, 급격한 이행 속에서 대학에 가지 않는 삶에 대한 비전이 없이 내몰릴 청년들의 좌절감, 부모 세대의 실망이 더 큰 문제가 될 수 있다.

한편, 저출산과 더불어 대학 진학률이 낮아지면서 대학생 수는 꾸준히 감소하고 있는데, 2014년 294만 7천여 명에서, 2020년 263만 3천여 명으로 2014년 대비 10% 이상 감소하였다. 이러한 추세로 본다면 2023년 이후에는 적어도 대졸 노동시장의 경쟁은 완화될 가능성이 높다.[5]

한편, 이 과정에서 대학교육의 기능과 역할이 바뀌었다는 사실을 인지할 필요가 있다. 흔히 대학을 학문과 지성의 전당이라고 말한다. 그런데 시장과 경쟁의 원리가 대학교육 전반에 걸쳐 스며들면서 대학간, 학과간, 그리고 학생들 사이에서 상생과 협력이 아닌 무한경쟁이 퍼져버렸다.

역설적이게도 대학을 나와 취업이 어려울수록 대학은 취업준비를 위한 장이 되어 버리고 있다. 만약 모든 대학들이 순수학문 분야인 인문학을 없애고 취업이 용이한 경영학으로 통폐합을 일률적으로 추진한다면 어떤 결과가 초래될까? 한국 사회에서 학문의 다양성은 사라지게 되고 기초학문 분야는 사라지게 될 것이다. 풍요로운 사회를 만들기 위해서는 단지 먹고 사는 문제만 해결하는

---

5) e-나라지표, 한국교육개발원 「교육통계연보」.

것을 넘어서 역사와 철학을 논하고 문화와 예술을 즐기며 사회적
정의를 실현하기 위해 공론의 장을 만들어가는 것이 필요하다. 이
것이 가능해지기 위해서는 이러한 분야의 인재가 양성될 필요가 있
으며 이들은 현금으로 환산할 수 없는 풍요로운 가치를 우리 사회
에 가져다 줄 수 있다.

4) 수요와 공급의 불일치(mismatch)

청년들의 기술과 경험부족

고학력화로 대졸 취업시장의 경쟁이 치열해지는 한편으로, 청
년들이 실제 취업을 위한 충분한 준비가 되어 있지 않은 문제도 여
전히 존재한다. 미래일자리포럼이 2010년 실시한 조사에 따르면,
자신이 받은 교육을 통해 취업에 필요한 적절한 기술을 습득했느냐
는 질문에 과반수 이상의 청년 구직자가 부정적으로 응답했고, 그
중 16%는 스스로 취업에 대해 전혀 또는 거의 준비되지 못했다고
대답하였다.[6]

실제로 많은 청년들이 그들의 직업 세계가 어떤 모습인지, 또
자신이 어떤 커리어를 쌓아가기를 원하는지 충분히 숙고하지 않은
채, 졸업을 전후하여 일자리를 찾기 시작하며, 자신의 이상과 거리
가 먼 일자리에 지원하는 경우도 많아지고 있다.

영국 런던 정치경제대학교(London School of Economics and
Political Science) 리처드 세넷(Richard Senet) 교수는 이러한 현상에 대

---

6) Vogel, P. (2015), *Generation Jobless?: Turning the youth unemployment crisis into opportunity*, Palgrave Macmillan [배충효 역, 『청년실업 미래보고서』, 서울: 원더박스, 2016].

해 다음과 같이 일갈한다.7) "오늘날의 교육제도는 교육을 받아도 일자리를 구할 수 없는 많은 젊은이들을 교육시키고 있다. 이는 교육받은 많은 젊은이들이 적어도 자신의 전공 분야에서는 일자리를 찾을 수 없다는 뜻이기도 하다." 대다수 청년들이 자신이 선택한 분야에서 최고가 될 것을 꿈꾸며 착실히 교육과정을 밟아왔음에도 불구하고, 이들은 막상 실무에서는 큰 재능을 발휘할 수 없었고, 산업의 저변이 충분히 넓지 못한 상태에서 청년들은 갈 곳을 찾지 못하고 있다. 오늘날의 교육제도 하에서 청년들은 그들이 취업할 때쯤이면 사라질 법한 직업을 위해 취업준비를 하는 아이러니를 겪고 있는 것이다.

기업의 높은 기대수준으로 인한 청년 고학력 부채질과 실업의 악순환

청년들이 취업을 위해 준비하는 내용은 이미 취업한 신입사원에게 요구되는 지식과 기술 수준을 넘어선다. 통합적인 능력을 평가받아 입사를 하고, 해당 기업에서 교육 훈련을 통해 기업에 맞는 인재를 길러내는 것이 아니라, 기업은 이미 훈련된 청년들을 원한다. 그러다 보니 요즘은 청년들이 작은 회사에서 몇 년 일하다가 공기업이나 대기업에 신입사원으로 들어가는 일이 흔하다. 신입 직원에 대한 고용주의 높은 기대수준은 청년들이 실질적으로 구직할 수 있는 일자리 수를 줄이는 요인이기도 하다.

기업들의 이러한 경향은 점점 더해 가고 있으며, 높은 직무능력과 학력수준을 기대하게 되면서 청년들은 고학력을 추구하게 된다. 또한 청년들의 과도한 스펙 경쟁은 청년들로 하여금 학교에 더

7) Senet, R. (2007), *The Culture of the New Capitalism*, Yale University Press.

오랜 시간 머물게 한다.

5) 앞으로 나아질 기미가 보이지 않는다

지금까지 살펴보았듯이, 오늘날 청년 노동시장의 위기를 유발한 원인은, 첫째, 전체 일자리 수가 대폭 감소하면서, 지원 가능한 일자리는 소수 분야에 몰리는 현상이 나타났고, 그에 따라 많은 청년이 업무에 필요한 능력을 전혀 갖추지 못한 채, 또는 과도한 능력을 갖춘 채 어쩔 수 없이 아무 일자리에나 지원하고 있다. 둘째, 고용시장에는 기업이 요구하는 역량과 업계에 진입하는 청년들이 갖춘 역량 사이의 괴리라는 구조적 불일치가 존재한다. 즉, 21세기 기업의 발전에 보조를 맞추지 못하는 낡은 교육 시스템이 있다. 셋째, 노동시장에는 초고학력 인력과 저학력 인력이 혼재하고 있다. 초고학력 인력의 경우, 자신에게 적합한 일자리를 찾지 못함으로써 심각한 좌절을 겪고 있고, 자식 세대의 교육에 투자를 아끼지 않은 부모 세대에게 더 큰 좌절이 되고 있다.

4차 산업혁명과 일자리 환경의 변화

세계는 저성장이 고착화되고 있고, 한국의 경제현실 역시 경기회복이 일어날 가능성은 거의 보이지 않은 상태에서, 이미 세상은 기술과 제도적 환경 모두 급격한 변화를 겪고 있다. 3차 산업혁명을 일으킨 신기술, 예를 들어 유비쿼터스 기술이나 3D프린팅 기술을 비롯한 최신 기술 혁명은 PC와 인터넷, 이메일, 소셜 미디어, 스마트 폰 등으로 촉발된 기술 발전을 한층 가속화할 것으로 보인다. 신기술로 인한 생산공정의 변화로 노동자들이 생산 현장에서 보내야 하는 시간이 적어지게 되면서, 노동자의 실업은 가속화되고 있다.

3차 산업 혁명으로 이미 많은 수의 일자리가 줄어들고 있는 상황에서 최근 가까운 미래에 다가올 현실로 인구에 회자되고 있는 4차 산업혁명의 도래는 인간의 일자리 자체를 획기적으로 줄일 것이 예측되고 있다. 증기기관 발명(1차), 대량 생산과 자동화(2차), 정보기술(IT)과 산업의 결합(3차)에 이어 4차 산업혁명은 스마트센서, 공장자동화, 로봇, 빅데이터 처리, 스마트물류 보안 등의 요소를 통해 생산성이 현격히 혁신되는 혁명을 의미한다. 국제노동기구(ILO)는 2016년 7월, 수작업을 대신하는 로봇의 확산으로 앞으로 20년간 아시아 노동자 1억 3,700만 명이 일자리를 잃을 수 있다고 경고한 바 있다. 이는 태국, 캄보디아, 인도네시아, 필리핀, 베트남 등 5개국 임금노동자의 56%에 이르는 규모다.[8]

창업은 청년실업의 대안이 될 수 있을까?

뉴 밀레니엄 시대를 열었던 2000년대 초반 한국사회에서 벤처기업은 유행과 같았다. 2000년 8,798개였던 벤처기업은 2001년에는 11,392개로 증가하였으며, 이후 한 차례 구조조정을 거쳐, 2003년에는 7,702으로 줄었다가 2005년부터 다시 늘어 2008년에는 15,401개에 달했다. 그 이후 꾸준히 증가하여 2019년에는 그 수가 36,503개에 이른다.[9] 당시의 벤처 1세대가 성공신화에 대한 욕망을 대변한다면, 오늘날의 창업에 대한 관심은 청년 실업이 장기화되면서 청년들의 일자리의 대안으로 이야기되는 경우가 많다.

단순히 고용을 대체한다는 차원에서 창업을 보게 되면, 창업은

---

8) ILO (2016), "ASEAN in transformation: How technology is changing jobs and enterprises."

9) e-나라지표, '벤처기업정밀실태조사.'

실패할 가능성이 높고 결코 안정적인 일자리라고 할 수가 없다. 창업에 대한 통합적인 관점의 전환과 사회적인 안전망 등 제도적인 여건을 마련하는 것이 먼저다. 근래 정부와 대학을 중심으로 청년 창업 육성을 위한 다양한 프로그램이 제공되고 있고, 이들의 노력이 결실을 맺기에는 아직 시간이 필요하므로 그 성과를 조금 더 기다려 볼 필요가 있다. 그러나 실제 청년 실업의 대안으로 창업을 이야기하는 과정에서 학교나 사회가 아직 준비가 안 된 학생들에게 창업을 권하는 경우도 생겨나고 있다. 학생들이 차분히 창업에 대한 경험을 쌓아갈 수 있도록 교육과 멘토링, 지원체계가 세심하게 받쳐줘야 할 것이다. 또한, 이들이 실패하게 되면 학교나 사회가 얼마나 이들을 기다려주고 함께 해줄 것인지도 중요한 요소이다. 청년실업의 대안으로 청년들에게 창업을 권하고 있다면 그에 따른 안전망도 함께 따라야 한다.

청년 창업을 논하기 이전에 한국 사회는 새로운 기업들이 창업하기에 결코 쉽지 않은 환경인 것으로 나타나고 있다. 창업 기업에 투자하는 벤처 캐피탈의 투자규모를 보더라도, 한국은 이스라엘의 6분의 1, 미국에 비해서는 3분의 1에 불과하다. 창업한 지 3년 이내 기업에 벤처 캐피탈이 투자한 경우는 2002년 60% 이상이던 것이 최근에는 절반인 30%대로 떨어졌다.[10] 이러한 결과는 창업 초기에 자금 조달이 필요한 청년 기업에 대한 투자 환경이 좋지 않음을 반증한다.

청년창업의 한 분야로 생각할 수 있는 자영업의 경우, 청년들 중 2% 정도가 자영업자로 첫출발을 하는 것으로 나타났다. 신설법

---

10) 중소기업벤처기업부(2021), "2020년 신규 벤처투자 실적 성과" 발표 보도자료.

인 중 39세 이하가 대표자인 경우는 2008년 1만 5천여 개에서 2015년 2만여 개로 늘어났지만, 그 비중은 34%에서 27%로 낮아져 결코 청년 창업이 늘어나고 있다고 할 수는 없다. 또한, 한국의 투자형 창업은 21%로 OECD 국가 중 가장 낮고 생계형 창업이 60% 이상에 달한다. 이렇듯 창업이 대부분 생계유지를 위한 불가피한 선택으로 나타나고 있어서, 창업보다는 취업할 일자리를 늘리는 것이 더 필요하다는 주장도 있다.11)

그러나 이는 고용시장의 패러다임 변화를 고려하지 않은 시각이다. 현재의 청년실업 문제가, 일자리를 다시 만들어내면 해결될 문제인가? 보다 근본적으로, 일자리를 더 만들어 낼 수는 있는 것인가? 그렇다면 창업은 청년실업의 대안이 될 수 있을까?

창업이 청년 일자리를 대체하느냐 아니냐를 논하기보다, 청년들의 대안적 존재양식으로서 창업이 갖는 의미에 대해 생각해보자. 청년 창업은 기존 대기업이 내주는 일자리에 수동적으로 끌려가는 것이 아닌, 기존 사용자와 고용주의 관계에 대응하는 청년 세대의 반란이자 새로운 존재양식이 될 수 있다. 이를 통해 우리는 이 시대에 창업이 갖는 가능성에 대해 좀 더 시각을 확장할 수 있다. 청년실업의 시대에 대해, 오히려 대기업을 지향하던 커리어 목표를, 내가 좋아하는 일을 하면서 즐겁게 살고자 하는, 노동의 이상을 실현하는 변화의 계기로 삼을 수도 있다.

창업을 청년의 존재양식의 변화라는 관점에서 바라볼 때, '1인 창조기업'에 주목해보자. 1인 창조기업은 개인이 사장이면서 직원인 기업이다. 자신이 가진 지식, 경험, 기술 등을 사용하여 보다 창

---

11) 김기헌 (2018), 『청년프레임』, 서울: 이담.

조적인 서비스를 제공함으로써 이윤을 창출하는 경우, 1인 창조 기업이라 할 수 있다. 이러한 1인 창조 기업은 청년들이 페이스북이나 트위터 같은 '웹 2.0 매체'를 다루면서 쉽게 창업에 접근할 수 있는 형태이다. 또한, 예전보다 더 작은 규모의 벤처 창업을 시작할 수 있는 분위기가 조성되고 있다.

청년실업의 시대를 벗어나는 길은 기업에게 더 많은 일자리를 만들라고 하는 것 이상으로, 새로운 시대에 걸맞은 일자리를 재정의하거나, 청년들 스스로 일과 삶의 대안을 찾아가도록 독려하는 데 있다. 그리고 청년들이 안전하게 창업할 수 있는 환경을 조성해 주어야 한다. 이 과정에서 창업은 오랜 청년 실업의 시대를 끊어낼 뿐 아니라, 기업에 나의 노동력을 제공하고 임금을 받는 노동의 세계를 떠나는 새로운 일의 존재양식을 열어가게 될 것이다.

02 청년실업 장기화에 따른 한국사회 청년의 일

1) 청년실업의 시대 노동의 패러다임

노동의 변화

산업혁명과 함께 등장한 자본주의 초기에는 게으른 이들을 일하게 하는 것이 경제적인 과제일 뿐 아니라 도덕적인 과제였다. 농업사회의 느긋한 생활 리듬을 공업사회의 빠르고 정확한 리듬으로 바꾸어내야 했던 자본주의 사회는, 일을 해서 돈을 벌고 그것으로 생계를 유지하는 노동을 도덕의 이름으로 강요하였으며 게으름과

불성실을 악덕으로 여겼다. 대량 생산 시대를 맞이하여 노동은 돈
을 더 많이 벌 수 있는 방법이 되었으며, 장인이 아닌 대다수 공장
노동자가 돈을 벌 수 있는 방법이 생기면서 노동이야말로 인간의
존엄성을 회복하는 방법으로 여겨지게 되었다. 노동은 이제 더 좋
은 음식과 잠자리를 보장해주는 수단이 되었고, 소비사회는 노동의
이러한 변화가 투영된 모습이 되었다.[12]

　　전후 대량 생산, 대량 소비 체제는 적어도 먹고 사는 문제를
해결하였고, 프랑스 철학자 알렉상드르 코제브(Alexandre Kojev)는
이러한 인간의 모습을 미국의 대중 소비사회를 통해 다음과 같이
그려냈다.[13] "노동자들은 주말이면 대형 마트로 차를 몰고 나가,
식품과 가전제품을 산더미처럼 사고 미친듯이 소비한다. 그들은 다
른 사람과 교류하고 소통하는 것은 꿈꾸지 않았고 자기 앞에 있는
상품을 소비하며 만족하는 동물이 되었다…. 사람들은 소비를 통하
여 자유를 마음껏 누리고 모든 욕망을 해방시킨 것처럼 보였지만
사실 소비 사회는 소비와 스펙터클에 갇힌, 자유의 이름으로 자유
를 감금하는 시스템이었다."

　　제조업을 중심으로 한 산업자본주의가 금융자본주의로 변화하
면서 노동은 더 이상 중요한 자원이 되지 못하게 되었다. 고용 없
는 저성장 시대로 접어든 오늘날 노동은 더 이상 자본주의 사회에
서 이윤을 창출하는 원천이 아니다. 산업자본주의 시대 이윤의 원
천이던 노동은 금융자본주의 시대에 잉여가 되어 버렸으며, 청년실
업 문제는 그 전환기를 겪고 있는 전 세계에 드리운 그늘이다.

---

12) Bauman, Z. (2005), *Work, Consumerism, and the New Poor*, Mcgrow-Hill.
13) 아즈마 히로키, 『동물화하는 포스트모던』, 이은미 역, 서울: 문학동네, 2007.

1997년 IMF를 거치면서 한국사회는 노동유연화와 금융화로 대변되는 신자유주의적 전환이 이루어지게 되었고, 노동시장도 급격한 변화를 경험하게 된다. 노동시장에 새로 진입하게 되는 청년의 경우, 낮은 고용률, 높은 이직률, 하향 취업, 질 낮은 일자리라는 복합적 문제를 떠안게 되었다. 청년의 불안정한 고용은 결코 일시적인 상황으로 그치지 않으며 청년들의 노동 문제는 삶의 전반에 파급효과를 끼치고 더 많은 사회문제들을 내포하게 되면서, 청년은 어느덧 우리사회의 취약계층으로 등장하게 된다.

불평등과 비정규직·임시직의 패러다임화

한국사회 전체적으로 워킹 푸어(working poor)가 증가하고 있다. 2020년 기준 한국의 경제 활동 인구는 2,700만 명 정도인데, 임금노동자의 약 64%는 정규직 노동자, 약 36%는 비정규직 노동자, 그리고 취업자의 25%는 자영업자로 나타났다.[14] 비정규직 고용이 일반화되면서 하도급, 하청, 파견 등 파행적인 고용 형태가 전 사회적으로 확산되어왔고, 이러한 형태는 노동자들을 불안정한 상태로 몰아넣었다.

대한민국 자산 비중의 66%를 상위 10%가 소유하고 있는 반면, 하위 50%의 자산 비중은 2%에 불과하다.[15] 지금 청년들은 불평등이 구조화된 사회적 조건 하에서, 낮은 보수를 받으며 아르바이트로 근근이 생활을 하면서, 정규직이라는 좁은 문에 들어가기 위해 죽을힘을 다해 노력을 해야 하는 상황에 처해 있다. 1년간 비

---

14) 통계청, 2020년 12월 고용동향.
15) 김낙년 (2015), 『한국의 부의 불평등, 2000－2003: 상속세 자료에 의한 접근』, 낙성대경제연구소.

정규직으로 일하면 정규직으로 전환되는 비율이 11.1%, 3년간 비정규직으로 일하면 정규직으로 전환되는 비율이 22.3%라고 하니, 고용안정성은 애초에 기대하기 힘든 상황이다.16)

전사회적으로 비정규직이 높은 비중을 차지하게 되면서 사회에 첫발을 딛는 청년들은 대개 인턴이나 단기적인 일자리인 아르바이트와 같은 임시직으로 시작할 가능성이 높다. 임시직이나 인턴과 같은 일자리가 학교를 졸업하고 구직 중인 청년들에게 디딤돌 역할을 하기도 하지만, 오히려 청년들이 안정된 일자리를 얻는 데 걸림돌이 될 수도 있다. 고용주 입장에서는 임시직 고용은 시장 상황에 따라 인력 운영을 유연하게 하고, 정규직 채용 이전에 기술과 능력을 가늠해보는 좋은 선택일 수 있다.

그러나 청년들은 이러한 변화 때문에 직업 불안정성이 증가했고, 2008년 금융위기를 거치면서 기업들은 이러한 임시직 상황에 있었던 청년들을 해고하고, 오히려 경력 직원들을 계속 고용하는 경향을 보였다. 청년들이 임시직으로 사회생활을 시작하게 될 경우, 회사에서 직무교육과 상관없는 잡무에 시달리는 경우가 많다.

자영업 증가는 실업의 그림자

고용불안으로부터 나타난 또 하나의 현상은 자영업의 증가이다. 매년 새로 문을 여는 식당의 70%가 1년 안에 망한다는 사실에도 자영업은 늘어나고 있다. 또한 스스로 자영업을 통해 부를 축적하기 위한 것이기보다는, 오히려 보험료나 고용보장을 회피하기 위해 노동자에게 개인사업자의 형태를 강요하는 관행 속에서 자영업

---

16) 한국은행 경제연구원(2019), 「經濟分析」, 제25권 제1호 (2019.3).

을 택하는 경우도 일어나고 있다. 이 경우 자영업의 모습을 띠고 창업을 했다고 하더라도 사실상 업체와 계약을 맺고 개인이 일하는 형태이다. 노동자가 더 이상 노동자로 자본가와 노동 계약을 맺는 것이 아니라, 자기 노동력에 대해 스스로 경영자가 되어 다른 경영자와 노동 계약을 맺는 방식으로 바뀌고 있는 것이다.

2) 유예된 일과 삶

청년들의 교육과 취업 유예는 구조적 문제

청년의 일과 삶을 특징짓는 상태는 '유예된 일과 삶'이다. 청년들은 우리 사회의 현실에서 10대의 노력이 20대에 성과로 이어지지 않을 수 있다는 사실을 알고 있다. 현재의 행복을 포기하면서 끝도 모를 입시경쟁에 치달아 대학을 졸업하고 그들이 마주하는 현실은, 그들이 쏟은 노력이 과거로부터의 관성임을 깨닫게 한다. 사회는 변화하고 있는데 이러한 관성은 변화가 늦다 보니, 청년들이 성인기로 이행하는 여러 단계들에서 유예가 일어나고 있다.

대학수학능력시험에서도 전체 응시생 중 20%에 해당하는 10만 명 이상이 매년 재수의 길을 택하고 있으며, 대학생들이 학점을 이수하지 않고 졸업을 미루는 현상은 이제 흔치 않은 일이 되었다. 2008년 5월 대졸자 중 휴학 경험이 있는 비율은 38%였으나 2020년 5월에는 47%로 증가하였고, 대졸자의 졸업 소요기간은 평균 4.3년으로 나타났다. 3년제 대학과정을 포함한 조사결과라는 점을 고려했을 때 대부분의 대학생들이 대학의 정규학기를 초과해서 학교에 머무르고 있다는 점을 알 수 있다.

취업도 마찬가지이다. 청년들이 첫 취업에 이르는 평균 소요기간은 11개월이었고, 첫 취업 후 이직자의 평균 근속기간은 2008년 17개월로 나타났는데, 2020년에는 13.8개월로 그나마 줄어들었다.[17] 청년들의 입학과 졸업, 그리고 취업에 이르는 기간은 점점 늘어났고, 공무원 시험이나 다양한 고시를 준비하는 청년들도 많다는 점에서 유예현상은 일반적인 청년의 모습이 되고 있다.

이러한 유예현상이 일어나는 가장 큰 원인은 청년들의 취업 여건이 너무 좋지 않기 때문이다. 원하는 일자리에 취업하는 것이 힘들어지면서 대학 입학을 준비할 때와 마찬가지로 원하는 직장에 취업하기 위해 현재의 어려움을 지속하는 경향이 나타나고 있는 것이다. 두 번째 원인은 이행기에 있어서 유예현상이 실제로 도움이 되는 측면이 있기 때문이다. 재수생활을 통해서 더 좋은 대학에 들어가는 경향들이 그런 현상이다. 그러나 1~2년에 걸쳐 입학과 졸업, 취업을 미루는 것이 개인의 의지와 노력에 따른 선택일까. 이러한 현상이 많은 청년들에게 발견되는 현상이라고 한다면, 이는 이들이 자발적으로 유예된 삶을 선택했다고 보기보다는, 청년 세대 전체에 걸친 구조적 문제로 보아야 한다. 청년세대 전체가 불필요한 비용을 지불하고, 이는 다시 우리 사회의 부담으로 작용하고 있는 것이다.

가족의 지원에 의존

청년들의 교육과 취업에서의 유예현상은, 부모로부터 독립하여 분가하고 결혼과 출산 등 우리 사회에서 성인에게 기대되는 삶의 형태도 지속적으로 늦어지고 있어, 이는 청년들의 삶 전반에 걸

---

17) 통계청, 경제활동인구조사 청년층 부가조사(2020.5)

친 총체적인 유예 현상이라 할 만하다.

청년의 삶의 유예는 가족에의 의존을 뜻한다. 실업에 처해있을 때 단기적인 가족의 지원은 바람직하지만, 부모의 지원에 계속 기댈 경우, 청년들이 좋은 일자리를 찾을 가능성이 더욱 줄어든다. 집에서 시간을 보내는 청년들은 시간적으로나 공간적으로 융통성이 없기 때문이다. 또한, 부모 집에서 거주하는 청년은 안락한 생활에 안주하므로, 직업을 얻기까지 시간이 더 오래 걸릴 수 있다. 가정에 오래 머무는 청년은 성숙한 성인으로서 성장이 늦춰질 수 있고, 자기 자신은 물론이고 한 가정을 책임질 준비가 그만큼 늦어진다.

3) 열정은 어떻게 노동이 되는가

청년 세대에게 비정규직 노동이 사회에 첫발을 딛는 자연스러운 방식이 된 상태에서, 또 다른 형태의 노동의 왜곡이 일어나는 상황이 '하고 싶은 일을 할 때'이다. '틀에 박힌 삶을 용감하게 벗어나서 새로운 일을 해라!'라는 메시지는 새로운 시대를 맞아 일과 노동을 재구성하라는 맞는 말이면서도, 다른 한편으로 체제가 갖고 있는 기존 틀의 부담을 줄이고자 하는 이해관계에서 나오는 것이기도 하다.

즉, 고용 보장과 안정적인 월급에 속박되지 말고, 꿈을 찾아 과감하게 떠나라는 메시지를 통해 이 시대는 청춘들에게 꿈을 꾸라고 하고 그 꿈을 실현하고자 하는 청년들의 노동을 착취한다. 청년들은 자주 '경험쌓기'에 가려진 허상에 착취를 당하기도 한다. 이 경우 한편에는 '네가 하는 것은 노동이 아니야'라고 말하는 고용주가 있고, 다른 한편에는 자신도 노동자임을 깨닫지 못하는 청년들이 있다.

'좋아서 하는 일이기 때문에 감수해야 한다'는 말에는 청년의 열정을, 착취하기 쉬운 노동으로 바꾸어내는 허위의식이 담겨 있다. 열정은 본래 청년들 자신의 것인데, 이를 불러내는 문화산업, 벤처산업을 지탱해주는 노동으로 전환된다. 열정노동에 대한 착취가 가장 적나라하게 나타나는 곳은 IT 업계이다. 노동자가 바로 이 회사의 주인이라는 담론은 IT업계에서 힘을 발휘하는데, 이는 개발자 개인의 아이디어와 열정이 중요한 곳이기 때문이다.

영화 '열정같은 소리하고 있네'
(2016, 정기훈 감독)

오늘날 열정노동이라는 이름 하에 청년들은 지극히 불안정한 고용 조건 속에서 일하고 있고, 그럼에도 스스로를 노동자라고 생각할 수 없기 때문에 묵묵히 상황을 받아들이고 있다. 노동의 대가라고 말할 수 없는 수준의 경제적 보상과 명확한 고용을 보장받지 못하는 불안함 속에서, 청년의 열정에 대한 착취가 일상화되고 있는 것이다.

4) 교육열풍과 자기계발의 허상

국민의 대다수가 노동자인 사회에서 어떻게 하면 자식을 노동자로 만들지 않을 것인가가 한국사회의 높은 교육열을 만들었다는 점은 아이러니이다. 이러한 아이러니는 제도 교육을 끝마치고 나서도 많은 사람들을 자기계발의 길로 이끈다. 사람들은 점점 불안정해져 가는 노동시장에 스스로를 마케팅하기 위해 끊임없이 자기계발을 해야 하는 일종의 개인기업가들로 변해가고 있다.

　자발적인 열정으로 가득 차 있으며, 긍정적인 마인드를 가지고, 혁신에 힘쓰는 나를 만들어야 한다는 자기계발 담론은 오랜 시간 우리 사회를 풍미하였다. 자기계발 담론에서 '나'는 경영의 주체이자 시장에 나갈 상품이다. 다이어트나 성형이 자기계발의 요소로 격상된 것은 최근의 일이다. 이러한 분위기 속에 우리는 스스로 동기부여를 하고 자율적인 자세로 늘 자신 있게 우리 자신을 계발하고 주어진 삶에서 최선을 다할 것을 요구받는다. 그리고 이 같은 자기계발 담론과 함께 하는 것은 늘 더 나은 집이나 자동차를 사거나 더 많은 교육을 받는 것과 같은 소비가 따라온다. "그들은 마치 자신이 무슨 기업이라도 되는 듯 자신을 위해 적극적인 투자를 하고 위험과 실패를 감수하고 긍정적인 자세를 취하고 약점을 숨겨야 한다고 스스로 다짐한다. 그러면서 사회구조적 불평등을 개선하려는 정치적 관점 같은 가치를 잃는 경우가 많다."[18]

　경쟁과 성공의 자기계발 담론을 내면화한 사람들은 사회 구조를 변화시키는 데서 해결책을 찾기보다는, 모든 문제를 자기 자신이나 다른 사람들 탓으로 돌리게 된다. 경쟁을 내면화한 사람들은 심지어 다른 사람들보다는 주로 자기 자신과 경쟁을 벌이기도 한다. 그러면서 자신과 같은 가치를 갖지 못한 사람들은 게으르고 비효율적이며 나약한 사람으로 보곤 한다.

---

18) Zamagni, S. and Bruni, L. (2004), *Economia Civile*, Societa editrice il Mulino, Bologna [제현주 역, 『21세기 시민경제학의 탄생』, 서울: 북돋움, 2015], p. 71.

5) 뒤틀린 선망

안전 선망 - 공무원

청년세대에게 일자리는 성장의 기회이기보다는 안전의 기회가 되고 있다. 공무원 시험 준비를 위해 노량진으로 몰리는 청년들의 모습은 그들에게 일자리가 과연 무엇인지를 보여준다. 저성장 시대를 살아가는 청년에게 일자리는 안전한 삶으로 가는 통로이다. 새로 사회에 진출한 오늘의 청년 세대에게는 불안정 노동이 당연시되게 되었다. 고용불안에 적응한 청년들은 1년이나 2년에 한 번씩 직장을 옮기는 것에 익숙해지면서, 아직 직장을 구하지 못한 이들은 아르바이트를 전전하면서 취업준비를 한다. 이러한 고용불안을 못 견디는 이들이 향하는 곳이 공무원 시험이다. 그러다 보니 부모세대에게 시시한 직업의 대명사였던 9급 공무원 채용에 엄청난 인원이 몰려들었다. 2017년 9급 공무원 시험에는 역대 최대인 22만 8,368명이 지원했고 2020년에는 수가 조금 줄어 18만 5,203명이 지원했지만, 경쟁률은 무려 평균 37.2 대 1(총 4,985명 선발 기준)에 달했다. 공무원은 이제 경제적 안정을 보장해 줄 뿐만 아니라, 일의 보람을 주고, 무엇보다 진입과정의 공정성을 보장해준다는 점에서 청년들의 선망이 담긴 직종으로 자리잡았다.

물질 선망 - 연예인과 운동선수

농담으로 여겨지던 건물주가 실제 청소년들이 되고 싶은 직업 2위라는 점은 씁쓸하기 그지없다. 그 뒤를 잇는 것은 연예인과 운동선수이다. 어째서 프로게이머, 운동선수, 연예인을 지망하는 청소년들이 이렇게 많을까? 학교교육을 통해 좋은 대학과 좋은 직장으

로 향하는 길이 실은 평범하면서도 쉽지 않다는 걸 알게 되어서일
까. 미디어를 통해 비춰지는 연예인이나 운동선수들의 화려한 삶의
모습, 그 물질적 소비에 대한 선망이 청소년들의 자아와 관계를 지
나치게 지배하고 있는 듯하다. 넘쳐나는 예능 프로그램에서도 그렇
고, 연예인의 일거수일투족을 화제삼는 문화가 우리사회에 지나치
게 만연해 있는 상황은 연예인과 운동선수에 대한 선망으로 이어지
는 듯하다.

03 청년실업 장기화에 따른 한국사회 청년의 삶

1) 사회문제화된 청년빈곤

열악한 주거환경

"그것은 방이라고 하기보다는 관이라고 불러야 할 크기의 공
간이었다. 나는 그 좁고, 외롭고, 정숙하고, 정숙해야만 하는 방 안
에서 항상 웅크리고, 견디고, 참고, 침묵했다." <갑을고시원 체류
기>라는 소설에 묘사된 '고시원'이라는 공간은 우리사회가 오랜 청
년실업의 시대를 거치며 젊은 작가들의 작품에 등장한다.[19] 소설
속에 묘사된 공간은 이 시대의 청년 주거 빈곤의 현실이다.

2015년 통계청 조사에서 청년세대(16~34세) 가운데 주거빈곤
상태로 살아가는 청년 1인 가구는 총 45만 가구(17.6%)로 나타났으
며, 서울의 경우 청년 중 37.2%가 반지하나 옥탑방, 고시원, 비닐하

---

19) 박민규 (2005), "갑을고시원 체류기", 『카스텔라』, 문학동네.

우스, 판자촌 등 주택이나 건물이 아닌, 주거공간이 아닌 곳에서 거주하는 주거빈곤을 겪고 있는 것으로 알려졌다.[20] 주거빈곤은 청년 세대에서 심화되고 있는데, 서울 전체 주거빈곤률은 2005년에 24.2%에서 10년 후인 2015년 11.6%로 줄어든 데 비해, 청년 세대에서는 2000년 31.2%에서 2015년 37.2%로 지속적으로 높아졌다. 서울에서 주택이 아닌 곳에 사는 사람은 2005년부터 5년 동안 3만 3천 명 정도 늘었는데, 이 가운데 63%인 2만 1천 명 정도가 청년이다. 청년들이 주거빈곤으로 내몰리는 이유는 일자리가 부족하고 소득은 낮은데도 주거비는 지나치게 비싸기 때문이다. 국토부 2012년 주거실태조사 결과를 보면, 소득의 30% 이상을 주거비로 쓰는 경우가 서울 청년 1인 가구 전체의 69.9%였다. 가처분소득 대비 주거비 비율 RIR(Rent Income Ratio)의 경우 '서울 시민 복지기준'(2014)에서 정책 목표로 RIR 25%를 설정하였지만 서울 청년가구 10가구 중 7가구는 RIR이 30%가 넘었다.

상황은 좀처럼 개선되지 않는 것처럼 보이는데, 2015년 20대 1인 가구 전체의 소득 대비 주거비 지출 비율은 27.5%(중앙값 기준)로, 주거빈곤 판단 기준인 소득의 30% 이상을 주거비로 쓰는 경우는 47.1%에 달하였다.[21] 2017년 주거비 부담 포함 주거 문제를 경험하는 청년 가구는 총 69만 가구(15%)였고,[22] 최근(2020년 11월) 서울시 '청년월세지원' 사업 신청자(22,405명)를 대상으로 한 설문 조

20) 주거빈곤은 반지하나 옥탑에 사는 경우, 고시원이나 비닐하우스 같이 주택이 아닌 곳에 사는 경우, 그리고 법정 최저주거기준인 14제곱미터에 미달하는 집에 사는 경우이다. 최저주거기준은 1인 가구의 경우 전용 부엌과 욕실, 화장실이 있고 전체적으로 14제곱미터 이상이어야 한다.
21) KBS NEWS, 2018.9.14. "주거비 '1000에 50' 너무나 무거운 20대의 무게"
22) 통계청, 『한국의 사회동향 2018』.

사 결과에 따르면, 신청자의 28%가 최저주거기준에 미달하는 주거 빈곤 상태에 놓였고, 이들 신청자는 평균적으로 소득의 37.6%를 주거비로 부담하고 있었다.[23]

서울의 부동산 가격과 임대료가 치솟은 구조적 문제와, 대다수가 실업상태에서 가족에게 의존하고 있거나, 취업이 되었더라도 수입이 적은 청년들의 경제적 조건이 만나, 청년 세대의 주거빈곤이 지속되고 있는 것이다.

열악한 식생활

청년들은 배가 고프다. 할 일도 많고, 오라는 데도 많은 청년 시기에 바쁘게 움직이다 보니 끼니를 거르거나 때우는 일은 어쩌면 오래도록 청년세대가 겪어 온 일로 치부될 수도 있다. 그러나 청년 실업의 시대를 겪어내는 오늘날 청년의 배고픔은 다르다. 고비용 대학 교육, 취약한 노동 환경, 길어진 취업 준비 기간, 열악한 주거 여건 등으로, 청년들은 제대로 밥을 챙겨 먹기 위해 필요한 돈과 시간과 심리적 여유가 없다.

대학생의 경우, 한 해 1천만 원(2020년 가톨릭대 926만 원, 2017년 명지대 999만 원)에 육박하는 대학 등록금으로 인해, 2020년 전국 대학·대학원생 45만 9,872명이 1조 7,155억 원(취업 후 상환 및 일반상환 대출 합산)에 이르는 정부 학자금 대출을 받았다.[24] <우리는 왜 공부할수록 가난해지는가>[25]에 등장한 대학생 서현민 씨(가명·25)

---

23) 1코노미뉴스, 2020.11.11. "소득 30% '집세'—어깨 무거운 청년 1인 가구."
24) 'e-나라지표 학자금 대출현황'
25) 천주희 (2016), 『우리는 왜 공부할수록 가난해지는가』, 서울: 사이행성.

는 군 제대 후 복학하며 학자금 대출을 받았다. 더 이상의 학자금 대출을 받지 않기 위해 그는 장학금을 타야만 했고, 장학금을 타기 위해서는 공부를 열심히 해야 했다. 공부하느라 바쁜 그에게 '일단 나가야 하고, 기다려야 하고, 먹어야 하고, 다시 도서관으로 올라가야 하는' 밥 먹는 시간이 너무 아깝다. 그래서 서씨는 아침 8시 30분부터 저녁 8시까지 커피만 마시며 밥을 굶는다.

2016년 청년 식생활 연구 모임 '끼다(끼니를 다함께)'가 서울청년정책네트워크 사업으로 진행한 '청년 독립생활자 식생활 실태에 관한 조사'에서, 서울시 1인 가구 청년들은 좁고(72.9%), 환기시설이 부족하고(40.3%), 불만족스러운(56.3%) 부엌에서, 혼자(65.6%), 불규칙하게 밥을 먹고(76.6%) 있다.[26] 청년들은 '젊고', '건강하다'는 자신감 때문에 자주 식사를 거른다. "젊어서 한두 끼 굶는다고 죽는 것도 아니잖아요", "어린이나 노인과는 달리 우리는 젊고 튼튼해서 배고픈 걸 좀 잘 견딜 수 있으니까요." '시사인' 취재 과정에서 젊은 이들이 식생활에 관한 이야기를 할 때 공통적으로 했던 말이라고 한다. 그러나 이는 가난한 청년들에게는 또 하나의 빚이 되어, 훗날 의료비 지출과 지속 가능한 소득 창출의 걸림돌로 작용할 개연성이 많아 보인다.

청년들의 열악한 식생활은, 청년들의 노동 환경과 밀접한 관련이 있다. 2017년 서울연구원이 발표한 '서울시 청년들의 취업과 창업'에 따르면 서울시 거주 18~29세 청년 취업 경험자 가운데 정규직 일자리를 가져본 적이 있는 사람은 단 7%에 불과했다. <우리는

---

26) 시사인, 2017.3.1 "굶고 견디고 때우는 청년 흙밥 보고서"

왜 공부할수록 가난해지는가>의 청년부채연구 참여 청년들은 학
자금 대출금을 모두 갚았을 때 가장 먼저 늘린 게 '식비'였다고 한
다. 단순히 수입이 늘어서나 빚을 다 갚아서가 아닌, 맛있는 음식을
사먹어도 괜찮다는 심리적 안정이 청년으로 하여금 식사를 챙기도
록 만들었다는 것이 작가의 해석이다. 결국 청년들의 불안이 배고
픔의 원인이었고, 이는 청년들의 미래 건강에 심각한 폐해가 될 수
있다. 오랜 실업과 고비용 대학 교육으로 인한 청년의 빈곤은 전반
적으로 청년의 건강한 삶을 위협하고 있다.

2) N포 세대의 심리와 정서

노동의 유연화와 프레카리아트의 등장

청년층의 분노는 이제 언제 터질지 모르는 뇌관으로 전 세계
를 긴장시키고 있다. 2006년 프랑스에서는 26세 미만 청년에 대하
여 기업이 해고를 자유롭게 하는 고용 계약에 반대하는 대규모 시
위가 벌어졌고, 2011년 미국에서 월가의 금융자본을 반대하는 시위
가 전세계로 퍼져 나갔다. 같은 해 스페인에서는 45%에 이르는 살
인적인 청년 실업 문제를 해결하라는 시위가 벌어져 '분노 세대'라
는 용어가 등장하기도 하였다. 2012년 영국 런던 학생 조합(National
Union of Students) 주도로 대학 등록금 인상 반대, 학생 지원금 삭감
반대, 청년 실업 대책을 요구하는 대규모 시위가 발생했다.

이러한 청년층의 분노가 폭발한 배경에는 새로운 계급 '프레카
리아트'의 존재가 있다. 프레카리아트는 precarious(불안정한)과
proletariat(프롤레타리아)를 합성한 신조어로, 불안정한 고용 상황에
놓인 비정규직, 파견직, 실업자, 노숙자들을 지칭한다. 청년층이 이들

중 다수를 차지하게 되면서 청년층을 지칭하는 용어가 되기도 한다.

이탈리아 밀라노에서는 2001년 5천여 명의 학생과 청년들이 기존 노동절 행사와는 별도의 노동절 행진을 진행하였고, 이때가 프레카리아트가 존재를 드러낸 출발점으로 인식되고 있기도 하다. 프레카리아트는 현재 형성중인 계급으로서, 낮은 고용기회와 저임금 그리고 고용불안으로 인해 자신의 직무를 유지하기 힘들 뿐 아니라, 자신의 역량을 충분히 발휘할 기회를 갖지 못하고 사회나 직장에서 충분한 발언권을 갖지 못한다.

프레카리아트는 분노, 아노미, 걱정, 소외의 네 가지 감정을 경험하게 되는데, 분노는 의미있는 삶으로 나아가지 못하는 상황에 대한 불만과 상대적인 박탈감이 원인이 된다. 불안정한 노동은 이들에게 관계형성의 기회를 가질 수 없게 만들고, 결과적으로 계층상승의 사다리를 허락하지 않는다는 점 때문에 분노한다. 프레카리아트의 아노미는 추구할 만한 가치가 있다고 생각되는 규범 없이 표류하는, 절망으로부터 도출된 소극적으로 무기력한 감정을 의미한다. 이것은 상류층이나 기성세대들 입장에서 게으르고, 방향이 없으며 사회적으로 무책임한 특성으로 비쳐지게 된다. 프레카리아트의 걱정은 경계에 위치한 상황에 대한 불안감을 비롯하여 아무것도 가질 수 없고 현재 가진 일자리를 지킬 수 없다는 패배자로서의 두려움에서 비롯된다.[27]

청년의 체념 - 헬조선

한국의 청년들 역시 지구적 현상으로 나타난 프레카리아트의

---

27) 김기헌 (2018), 『청년프레임』, 서울: 이담.

특성을 공유하고 있다. 그러면서도 20대 사망원인의 1위가 자살이라는 점, 청년들이 결집하여 분노를 표출하고 구조적인 대책을 요구하는 대규모 시위로 이어지지 않은 것을 보게 되면, 걱정이 체념과 냉소로 이어지는 것으로 보인다. 경제적으로나 심리적으로 불안한 상태로 일상을 살아가는 청년들에게 삶의 환경으로서 대한민국은 지옥과 같다는 뜻에서 '헬조선'이 등장한다.

헬조선이라는 말에는 한국 사회를 규정하는 특성으로서 전근대성의 의미 또한 담고 있다. 전근대성이란 마치 신분제 사회인 조선처럼 불평등이 구조화되었고, 이러한 현실에 대한 청년들의 체념과 비관은 헬조선과 함께 등장한 '수저론'에서도 엿볼 수 있다. 그것은 부모의 사회경제적 지위가 나의 사회경제적 지위를 결정하는 현실에 대한 냉소의 언어이다.

2014년 출간되어 세습자본주의라는 개념으로 전 세계에 경고를 던진 <21세기 자본>에서 프랑스 경제학자 토마 피케티(Thomas Piketty)는 자본 소유의 집중도가 점점 높아지는 현상을 통해 오늘날의 사회가 세습자본주의화되어 가고 있다고 지적하고, 조세제도 등 국가의 대대적인 개입 없이는 자본주의가 실패할 것이라고 경고한다.[28] 일반적으로 소득의 원천은 일을 해서 그 대가로 소득을 얻거나 자본을 투자해서 그 대가로 이윤을 얻는 것이다. 토마 피케티의 분석을 보게 되면 자본소득의 비중이 지속적으로 증가해왔고, 일반적으로 자본을 보유한 집단은 노동을 보유한 집단보다 소수라는 점을 고려했을 때, 소득 불평등이 더욱 커져왔다는 현실

---

28) Piketty, T. (2013), *Capital in the Twenty-First Century*, Edition du Seuil [장경덕 외 역, 『21세기 자본』, 서울: 글항아리, 2014].

을 드러낸다고 할 수 있다.

한국 사회에도 자본의 축적이 본격화된 지 한 세대가 지나면서 최근 본격적으로 상속을 통한 자산 형성이 눈에 띄고 있다. 이제 상속을 통한 자산 형성은 재벌 일가에 국한된 것이 아니라, 베이비붐 세대가 자산 형성을 할 수 있었던 1세대를 지나면서 한국 사회 전반에서 일어나고 있다. 이들은 1950년대 중반에서 1960년대 중반에 태어나 1980~1990년대의 호황을 거치며 부동산 자산을 취득한 세대이기도 하다. 이들의 상속은, 인구의 0.1%도 되지 않은 재벌 기업들이 국가의 비호 하에 형성한 부를 3,4세에까지 세습하는 형태와는 또 다른 의미를 지닌다.[29]

베이비붐 세대는 경제성장의 주역이기도 하였고, 자신의 힘으로 재산을 일구어냈다는 자부심도 있는 세대이다. 이들의 세습이 본격화되면서 한국사회는 근대화 이후 출발선이 다른 사람들이 많아지게 된 현상을 처음으로 맞이하게 되었다. 막대한 사교육비를 감당하기 힘든 상황에서 재산이 없는 부모들은 자녀에게 좋은 교육 기회를 주는 것이 어려워지고 있다. 이처럼 한국 사회가 세습자본주의화되면서, 그간 우리 사회를 지탱했던 '기회의 평등'과 '능력주의'는 뿌리째 흔들리고 있다. 자본주의의 시장경제 하에서 개인이 노력하고 능력을 쌓으면 성공의 기회를 잡을 수 있다는 오랜 믿음이 깨져나가는 현실에서, 이를 대체할 믿음은 무엇이어야 할까?

청년세대에게 한국사회가 '헬조선'으로 여겨지는 이유는 '열심히 공부하고 열심히 일하면 다 잘 될 것'이라는 자본주의 시장 경제의 핵심적 약속이 깨어진 탓이다. 오랜 청년실업의 시대를 겪으며

---

29) 이원재 (2016), 『아버지의 나라, 아들의 나라』, 서울: 어크로스.

이렇게 말했던 어른들의 약속도 깨어져 버렸다. 그리고 언제부터인가 우리 사회에 일상적으로 등장한 가진 자와 못 가진 자 간에 맺는 관계에서 전근대적인 신분제적 징후가 나타나고 있다. '갑질'은 이러한 신분제적 징후의 극단적 표현으로서, 단지 인간적으로 성숙하지 못한 몇몇 개인의 실수나 일탈이 아닌 구조화된 행위의 결과로 보아야 한다.

청년의 보수화

청년들의 체념과 냉소는 정치적 보수화로 나타난다. '일간베스트'는 청년의 보수화, 우경화라는 대중적 현상이 극단적으로 드러난 증상이라는 해석도 있다.[30]

한국 사회의 청년들은 어린 시절부터 높은 교육열을 실천하는 부모 세대에 의해 입시 준비에 매진해왔으며, 그 과정에서 노력은 일종의 도덕이자 이러한 노력에 대한 보상을 받는 것이 정의라는 공통의 정서를 가지게 되었다. 오늘날 청년의 보수화라고 일컬어지는 현상 이면에는 바로 이 노력의 '정의론'이 작동하고 있다. 이들의 '정의감'은 무엇보다 노력한 자는 보상을 받아야 하고, 노력하지 않은 자는 보상을 받지 말아야 한다는 것이다. 이들에게 노력의 정의론은 정서의 문제이다. 프랑스의 철학자 루이 알튀세르(Louis Althusser)는 이데올로기를 '개인들이 자신들의 현실적인 실존 조건과 맺고 있는 상상적 관계의 표상'으로 정의한다.[31] 이데올로기는

---

30) 정정훈 (2018), "헬조선의 N포세대와 노력의 정의론", 성공회대학교 동아시아연구소, 『정동하는 청춘들』, 서울: 채륜.

31) Althusser, L. (1965), *Pour Marx*, [서관모 역, 『마르크스를 위하여』, 서울: 후마니타스, 2017].

이성이 아닌 정서의 수준에서 작동한다.

헬조선의 N포세대가 가진 정의감은 자격에 따른 위계와 불평등을 요구하는 만큼 그 정의감은 민주주의적 이데올로기와는 거리가 멀다. 근대 민주주의는 자유와 평등이 핵심이다. 단지 인간이라면 누구나 평등하게 자유를 누리는 시민이라는 점이 민주주의의 중심을 이룬다. 그러나 오늘날 청년들의 노력의 정의론에는 이 조건 없는 평등과 자유가 없다. 오히려 이러한 평등에 반발하고 개인의 노력에 대한 엄정한 성과와 자격에 따른 보상을 요구한다. 이러한 청년들의 의식을 볼 수 있는 현상 중의 하나가 수능성적에 따라 규정되는 대학순위에 대한 젊은이들의 엄격한 서열의식이다. 문재인 정부 들어 실시되고 있는 공기업 비정규직의 정규직화, 기간제 교사의 정교사 전환 임용 추진 과정에서 오히려 청년 내부의 반발이 나타난 것도 이러한 맥락에서 해석된다.

N포세대는 연애, 결혼, 출산, 내집 마련, 인간관계, 꿈, 희망 등등을 포기하면서, 절차적 공정성에 민감하다. 그 과정의 공정성이 다른 한편에서, 모든 사람은 자격과 상관없이 존엄하다는 민주적 권리 관념의 기초를 흔든다. 경쟁의 윤리와 노력의 정의론은 아이러니컬하게도 민주주의의 정서적 토대와 배치되면서 청년의 보수성을 이끌고 있다.

이렇게 보수화된 청년들은 노력도 모자라 '노오력'을 해야만 하는 상황에 대한 비판적인 질문을 던지는 대신에 경쟁에서 승리하기 위해서 처절하게 노력하고, 이를 위한 절차적인 공정성에서 그들의 민주주의에 대한 의식은 멈춰버렸다.

청년 정서의 왜곡 - 루저와 혐오 문화 그리고 뉴미디어

청년실업자나 취업준비생들이 급격히 늘어나는 상황의 다른 한편에서, 우리 사회는 '무한경쟁'과 '승자독식'의 원리가 깊어지고 빈익빈 부익부의 경제적 격차가 더욱 벌어져 상대적 박탈감이 커져 가고 있다. 소수의 선택받은 자들만이 위너가 되고 나머지는 아무리 많은 스펙을 쌓고 '노오력'을 해도 좋은 직장을 구하는 것이 힘들어진 한국 사회에서 청년은 주변화, 루저화되어 간다.

사회학자 김홍중은 오늘날 우리 사회가 스노보크라시(snobocracy), 속물의 체제 안에 살고 있다고 말한다.[32] 1987년 민주화 투쟁의 동력을 이루던 청년의 정치적 진보성과 진정성은 오늘날 스스로를 잉여라 칭하는 청년들에게 통하지 않는다. 잉여는 포기, 항복, 깊은 절망감의 표현이며, 이들은 사이버 상에서 댓글 놀이, 웹툰, 합성, 동영상, 음악 등등 온갖 장르를 망라하여 자신의 잉여로움을 표현하고 또 다른 잉여들에게서 존재감을 확인한다. 여기서 잉여들이 보여주는 유쾌함은 절망의 반작용이다.

윤영도는 루저 문화 이면에 자리한, 기존 주류 사회의 문법을 전복시키는 웃음과 해학에 주목하면서 천박한 주류문화에 대한 비판성과 해방적 가능성에 주목한다.[33] 루저 문화에는 좌절과 자조적 자기 비하를 담아내기도 하지만, 다른 한편으로 스스로 루저임을 자인하면서 주류사회의 현실논리를 전복시키고 일종의 대안적 저항문화로서 해석될 여지를 남긴다.

---

32) 김홍중 (2016), 『사회학적 파상력』, 서울: 문학동네.
33) 윤영도 (2018), "21세기 동아시아 루저론", 성공회대학교 동아시아연구소, 『정동하는 청춘들』, 서울: 채륜.

　　루저 문화의 특성을 보게 되면, 기존의 윤리적 잣대로는 도저히 이해되지 않는 청년들의 속물화 현상이 있다. 특히 여성에 대한 속물화가 눈에 띄는데, 여성을 성적으로 대상화하고 물화해왔던 기존의 남성중심적 성문화가 루저 문화를 만나, 여성에 대한 공격과 비난, 혹은 여신이라는 이미지에서 나타나는 대상화로 양분되는 모습을 보인다.

　　21세기 들어서 루저들, 혹은 위너의 길을 가지 않는 이들이 찾는 도피와 위안의 공간은 인터넷이라는 가상공간이다. 스마트폰과 아이패드, 웨어러블 기기들의 등장으로 데스크탑과 같은 고정된 공간이 아니라 언제 어디서나 도피공간을 찾을 수 있게 되었다. 가상공간 속에서 자신의 존재감을 확인하는 방법은 온라인을 통해 연결된 동지 루저들이며, 가상의 인기와 관심, 존재감을 느끼기 위해 이성적으로나 윤리적으로 도저히 이해할 수 없는 일들이 벌어지곤 한다. 청년들은 사회적 성공이 가능하지 않은 시대에서 가상공간에서 공동체적 위안을 얻고 애착을 쌓으며, 그 속에서 공격과 분노 등의 정동을 표출하는 자유를 누린다. 클릭 수와 뷰카운트, 댓글, 포인트 점수 등은 이들에게 존재감의 매개이다. 청년 루저들은 오타쿠 문화에서처럼 오프라인에서의 애착물에 신경쓰지 않으며 뉴미디어 시대가 만들어낸 가상 공간에서 활동하고 존재의미를 찾는다.

선망과 배제

　　대학진학률이 80%에 달하는 시대, 청년세대는 일에 대한 욕구와 능력이 상대적으로 평준화되어 있어, 불평등과 기회의 차단에 대해 과거보다 훨씬 민감하다. 1990년대생은 대부분이 초고속 인터넷이 널리 보급된 환경에서 태어났고, 사회생활을 시작할 때쯤 스마트폰이 보급되었다. 이들 세대는 사실상 누구나 화이트칼라 업무를 수행할 수 있다고 해도 과언이 아니다. 신기술 활용 능력과 문화적 경험이 비슷한 환경에서, 단군 이래 최대의 스펙을 갖추게 된 세대가 바로 오늘의 청년 세대이다.

이렇듯 세대 내의 능력 차이가 거의 없어지면서, 오히려 환경적 요인이 개인의 성취에 영향을 미칠 가능성이 높아지게 되는데, 요즘은 자녀의 취업에 부모가 직접적으로 개입하는 것이 흔한 일이 되어 버렸다. 실력의 차이가 적은 상황에서 환경적 요인이 결과에 영향을 끼치게 되고, 그것이 특권화되어, 공직자의 경우 그것이 범죄로 취급되는 상황에서 자식의 취업 청탁이 사회적으로 이슈로 떠오르기도 하였다. 2017년 논란이 되었던 장충기 전 삼성그룹 미래전략실 사장의 문자메시지에 담긴 낯뜨거운 부모들의 자식에 대한 취직 부탁이나, 금융기관을 비롯한 공기업에 대한 권력을 가진 이들의 채용 청탁이 뉴스가 되고 있는 것은 이러한 현상에 다름 아니다.

사회가 제공하는 부와 일자리는 오히려 줄어들고 있는 현실에서 한정된 자원을 둘러싼 청년 세대 내의 경쟁은 치열해질 수밖에 없다. 한정된 자원을 놓고 벌어지는 치열한 경쟁 속에서 더 많은 실력을 쌓아서 더 좋은 자원을 차지한다는 보장이 없는 상태에서, 청년들은 더 많은 실력을 쌓으려는 노력보다 오히려 배제와 차별을 선택하는 현상이 나타나고 있다. 청년세대의 정치적 보수성과 결합하여 나타나는 인종, 여성, 지역에 대한 혐오 발언이 그 예이다.

'인싸(인사이더)'와 '아싸(아웃사이더)'라는 유행어를 보자. 그것은 '성 안'에 있는 사람과 '성 밖'에 있는 사람을 갈라내는 배제의 언어이고, 성 안에 들어가고 싶다는 욕망을 노골적으로 드러낸 직설의 언어다. 이젠 더 이상 그런 욕망을 드러내는 것에 민망해하지 않는 우리 사회의 천박함을 나타내는 언어다. '인싸'는 정치적 올바름(political correctness)을 상실한 언어다. 이런 언어는 잘못되었다고, 없어져야 한다고 캠페인이라도 벌이고 싶지만, 그러한 언어를 생산해 내는 청년 세대의 소외와 불안을 직시하게 되니 말문이 막힌다. 무한경쟁의 시대 각자도생의 길을 가는 청년들에게서 '인싸'를 향한 부러움과 인싸가 되지 않으면 어떡하지 하는 불안함이 보인다. 우리 사회의 부조리를 반영한 언어이기에 그 배경은 이해한다 하더라도, 그 언어가 공감을 얻어 퍼져나가고 재생산되는 과정에서 확인되고 강화되는 부조리한 현실을 어찌할 것인가.

경쟁에 내몰린 청년들에게, 그들의 '노오력'의 결과에 대해 최소한의 삶의 기반도 제공해주지 못하는 사회, 부족한 자원을 놓고 자신의 노력을 인정받으려는 인정 투쟁의 처절한 현장에서는 다른 사람을 향한 배려를 기대하기 어렵다. 끊임없이 구분짓고 주류와 비주류를 나누고, 조금이라도 주류에 가까우면 안도하고, 그렇지 못한 약한 사람들을 돕기는커녕 차별하고 혐오한다. 약한 자를 위한 나눔은 '퍼주기'로, 관심과 연대는 '오지랖'으로 여겨진다.

성장의 전망이 안 보이고 나의 삶이 나아질 기미가 보이지 않는 상황에서 안정을 향한 희구는 더 절박해지고, 이는 내 안정성을 위협하는 모든 타인들에 대한 미움과 혐오로 전환된다. 한 번 실패하면 회복이 힘들다는 생각에 실패를 두려워하게 되면서 자유로운 탐색의 기회를 갖지 못한다. 경쟁에 내몰린 채 스펙쌓기에 몰두하지만, 어차피 그럴듯한 스펙은 소수의 차지다. 대다수는 성적이 잘 나오지 않아서 좌절하고 취업의 문턱을 넘지 못해 절망한다. 이런 경험이 반복되면서 주위의 시선을 민감하게 의식하고 자원의 한계로 인해 차별을 경험한다. 이러니 청년들이 '인싸'가 되려고 기를 쓰는 것 아닐까.

인싸, 아싸와 같은 배제의 언어가 사람들에게 공감을 얻는 이유는 무한경쟁과 각자도생의 시대에서 좌절했거나 대열에서 이탈한 사람들의 불안이 팽배하기 때문이다. 경쟁에서 살아남겠다고 온갖 스펙을 쌓았지만 사회 진출을 앞둔 청년들은 불투명한 미래 앞에서 오도 가도 못하고 불안에 떨고 있다.

청년의 탈출구 - 힐링과 위로

2010년대 초반 한국 사회를 풍미한 키워드는 단연 '힐링'이었다. 위로와 치유의 담론이 부상하면서 행복에 대한 논의도 활발해졌다. 불안과 실패와 좌절의 현실이 도드라지면서 행복에 대한 논의가 수면 위로 떠오르는 것은 역설이다. 불안과 좌절의 담론이 어떻게 위로와 치유의 담론으로 전환한 것일까.

<88만원 세대> 담론은 청년세대가 처한 위기가 청년세대에 국한된 문제가 아니라 사회구조적인 문제이며 세대 전체와 사회전반이 책임져야 한다는 세대 연대의 관점이 제시되었다는 점에서 의미를 찾을 수 있었다.[34] 이러한 속에서 위로의 말은 현재 청년들에게 불안하고 고통스러운 삶을 인정하고 수용하게 하는 효과를 갖는다.

<아프니까 청춘이다>[35]에서 청년에게 기대하는 삶이란 이

---

34) 우석훈 외 (2007), 『88만원 세대』, 서울: 레디앙.
35) 김난도 (2010), 『아프니까 청춘이다』, 서울: 쌤앤파커스.

조건에 저항하지 않고 인정하면서 자신의 불안을 극복하는 것을 목
표로 하여 성공하는 삶이다. 이러한 삶을 살아내는 이들을 청춘으
로 호명하며, 그들의 고통과 불안을 낭만화하고 있다는 비판을 받
기도 하였다.

　혜민은 내면의 성찰을 강조하면서 자신의 안녕과 행복을 최대
목표로 하라는 메시지를 전한다. '내가 지금 하는 것을 잠시 쉬면
내 안팎의 전체가 조용히 모습을 드러내'는 것이 자신의 안녕과 행
복을 얻기 위한 수행의 방법론이다.36) 위로의 담론은 이렇게 자기
치유의 담론으로 변화하였다.

　세대간 연대의 외양을 띤 위로와 힐링, 멘토링 등의 유행은,
안타깝게도 청년들로 하여금 현실을 긍정하게 만들고, 청년들이 겪
는 상처와 고민은 개별적이고 특수한 개인의 것으로 치부된다. 오
늘날 청년들이 처한 문제가 결코 개인적인 어려움이 아닐진대, 어
떻게 하면 집단적으로 오늘날 청년이 처한 현실을 바꿔나갈 것인지
에 대한 진지한 모색으로 좀처럼 나아가지 않는다.

---

36) 혜민 (2017), 『멈추면, 비로소 보이는 것들』, 서울: 수오서재.

일과 삶의 패러다임 변화

1) 어떤 성장인가?

국민소득 3만 달러 시대에 우리나라 국민들은 행복하다고 말하고 있지 않다. 소득양극화와 빈익빈 부익부 현상이 갈수록 심화돼 온 게 이유다. 국민소득은 더 이상 경제적인 풍요와 행복을 나타내주는 지표가 아니다. 성장지상주의는 경제발전을 견인했지만 한편으로는 경쟁과 각자도생 사회라는 그림자를 만들었다. 성장의 과실이 소수에게 집중되면서 대다수의 삶은 풍요와는 거리가 멀다.

케인즈(John Keynes)가 예견했듯이 2030년에 과연 인간이 주당 15시간 일하고, 문화와 예술과 철학을 즐기는 그런 사회[1]가 도래할까를 생각하면, 과연 무엇이 높은 경제 성장에도 불구하고 우리의 삶의 질을 나아지지 않게 하고 있는지 묻지 않을 수 없다.

'당신은 어려울 때 당신을 도와줄 믿을 만한 친척이나 친구가 있습니까?'라는 질문에 스위스, 아일랜드, 아이슬란드 국민은 95% 이상이 그렇다고 대답한 반면, 한국인들은 81%만 그렇다고 대답하였다. OECD 평균은 91.4%였고, 한국에서 50대 이상은 60%만 그렇다고 대답하였다.[2] 지금 우리 사회에서는 사람들 사이의 사회적 관계를 회복하고, 사람들이 건강하고 안전하게 살아가도록 도우며, 삶의 질을 높이는 성장이 절실하다.

---

1) Skidelsky. R. & Skidelsky E. (2012), *How Much is Enough?: The Economics of The Good Life*, Peters Fraser & Dunlop [김병화 역, 『얼마나 있어야 충분한가』, 서울: 부키, 2013].

2) OECD (2020), *How's Life 2020: Measuring Well−being*, March 2020.

영국 워윅(Warwick) 대학의 로버트 스키델스키(Robert Skidelski) 교수는 ＜얼마나 있어야 충분한가?＞라는 저서에서, "경제 성장이 그 공동체가 갖고 있는 필요를 해결하는가"라는 질문을 던질 것을 제안한다. 막연한 성장만으로는 불평등과 같은 사회문제를 해소하지 못한다는 점에 대한 지적이다.[3]

생산성을 높이는 이유는 우리 삶에 필요한 것에 대하여 더 적은 투입으로 더 많이 생산해서 다 같이 잘 살기 위해서라고 할 수 있다. 그런데 생산성을 높인 결과가 우리 사회의 취약한 사람들에게 고통을 주고, 극소수가 풍요를 누리는 방향으로 간다면 그 생산성의 방향에 대해서 우리는 다시 생각해봐야 한다.

첫 번째 방향은 성장의 과정에서 우리가 놓쳐온 사회적·환경적 가치에 주목하고 인권과 노동, 안전과 자연 친화의 가치를 높이는 것으로 성장의 방향을 바꿔야 한다. 석유 같은 화석연료 대신에 전기와 수소를 이용하는 기술을 발전시켜 미세먼지와 이산화탄소 배출을 최소화하고, 미래에 반드시 큰 비용을 치르게 할 원자력 발전을 대체할 태양열과 바람, 물을 이용한 신재생에너지 기술을 발전시켜나가는 성장이 바로 그것이다. 여전히 안전하지 못한 노동환경에서 일하는 취약한 청년의 일터에서 대신 일해줄 로봇을 만들어서 확산시키는 그런 성장이다. 즉, 성장률 지상주의를 넘어 어떤 성장인가에 대한 질문에 답하는 것이다. 이러한 모습으로 나타나고 있는 현상이 사회혁신이며, 이러한 사회혁신은 우리 사회의 성장의

---

3) Skidelsky. R. & Skidelsky E. (2012), *How Much is Enough?: The Economics of The Good Life*, Peters Fraser & Dunlop [김병화 역, 『얼마나 있어야 충분한가』, 서울: 부키, 2013].

방향을 바꾸어 가는 것이다.

두 번째 방향은 성장의 주체를 다양화하는 것이다. 대기업이 실제로 경제성장에 기여한 역할에 대한 논의는 차치하더라도, 소수의 대기업에 의존하기보다는 경제 주체를 두텁게 형성함으로써 건강한 경제를 만드는 것이 필요하다. 이를 위해 사회적 경제는 중요한 역할을 할 수 있다. 사회적 기업, 협동조합과 같이 사회혁신을 추구하고 지역문제를 해결하는 사회적 경제 기업들이 생산과 소비의 생태계를 이루어야 한다. 사회적 기업과 협동조합이 경제의 중요한 주체가 됨으로써, 경제 성장의 과실을 누가 가져갈 것인가에 대한 논쟁이 아닌, 생산단계에서부터 분배가 고려된 형태가 작동되어야 한다.

2) 탈일자리와 노동관의 변화

탈일자리의 시대

일이란 무엇인가? 현재 우리가 가지고 있는 일에 대한 생각은 사회적으로 형성된 것이다. 우리는 임금을 받는 일자리를 삶의 중심으로 생각하고 있지만, 이런 생각은 산업혁명 이후 만들어진 관점이다. 긴 인류 역사를 볼 때 일과 일자리는 같은 의미였다. 일자리 개념은 2차 산업혁명, 즉 포디즘(Fordism)[4]을 통해 정착된 것인데, 각각의 노동자에게 작업 과정에서 딱 맞는 자리를 찾아주는 것이 가능해졌으며 대규모 제조업을 기반으로 일자리는 일의 전형으

---

4) 포디즘이란 미국 자동차회사 포드사의 대량생산 방식이 산업자본주의 시대의 생산자동화를 이끌었다는 차원에서 명명된 것이며, 제2차 세계대전 이후의 선진국가에서 나타난 대량생산-대량소비형의 국민적인 경제성장 체제를 칭할 때도 쓰인다.

로 자리잡게 되었다. 그러면서 일(work)이라는 활동은 일자리(job)로 변화하면서 활동과 장소가 분리되었다. 일자리라는 개념 자체가 사회적으로 형성된 개념이며, 생산성 향상의 측면에서는 유익했지만, 인간은 노동으로부터의 소외와 좌절의 시대를 살게 되었고 어느덧 이를 당연시 여기게 되었다.

이 시대를 떠받쳐준 제조업의 형태가 포디즘이었다면 이제는 포스트 포디즘(Post-Fordism) 사회로 옮겨가는 지점에 있다.5) 포스트 포디즘은 일의 본질에 커다란 변화를 가져온다. 우리는 현재 일에 대한 두 번째 전환점, 즉, 탈일자리(dejobbing)라는 변화를 겪고 있다. 탈일자리는 고정된 일터의 종말을 뜻한다. 탈일자리 사회에서 인간은 각자가 일의 포트폴리오를 관리하고, 일하는 삶 전체에 걸쳐 그 포트폴리오(portfolio)를 최적화하고자 노력해야 한다. 일의 포트폴리오를 통해 경제적 기반을 갖추게 된 인간은 각자가 재능을 발휘하고 자유롭게 자신의 삶을 설계할 수 있다. 우리가 겪고 있는 전환은 자유의 측면에서 보면 오히려 인간의 본질을 회복하고 노동에 있어 폭넓은 선택의 장을 열어주는 계기로 볼 수도 있을 것이다.

한편, 이러한 자유는 고정된 일터에서 안온한 임금노동의 형태에 익숙한 대다수 사람들에게 불확실성과 불안정성을 가져다준다. 오늘날 우리가 맞닥뜨리는 불안의 이유는 바로 불안정성이다. 고정된 일자리는 노동의 소외를 초래했지만 인간에게 안정성을 가져다 주었다. 불안정성을 초래하는 건 노동 자체의 유연성이라기보다는, 하나의 일에서 다른 일로 옮겨가는 과정에 깔린 상태가 위태롭기

---

5) Zamagni, S. and Bruni, L. (2004), *Economia Civile*, Bologna: Societa editrice il Mulino [제현주 역, 『21세기 시민경제학의 탄생』, 서울: 북돋움, 2015].

때문이다.

위태로운 전환의 시기를 대다수가 겪게 된다면, 현재의 복지국가 패러다임이 지닌 조직노동자 중심의 복지정책이 바뀌어야 하며, 기본소득 도입에 대한 논의는 이러한 맥락에서 제안되고 있다.

탈노동으로부터 얻는 기회와 변화

노동의 미래에 대해 탈노동의 시대가 올 것이라고 한다. 그것은 우리가 일이라고 칭하는 것들을 더 이상 하지 않는다는 뜻이기보다는, 우리가 생존을 위한 임금노동으로부터 자유로워지는 미래를 뜻한다.

인간 활동으로서의 일은 임금노동처럼 필요에 의해서 행해지기보다는, 인간의 욕망과 계획을 실현하기 위한 의식적인 활동이다. 그래서 일은 본질적으로 자유로운 활동이며, 자유인으로서의 시민이 인간적인 성취를 추구하는 과정에서 행하는 활동이다. 일그 자체는 정치적인 것이 아니지만, 일이 만들어내는 것들은 인간의 정치적인 삶을 가능하게 한다.

독일의 정치이론가 한나 아렌트(Hannah Arendt)는 노동이 인간의 생존과 번식을 위한 것이었다면, 개인의 삶을 초월해 인류 문명을 지탱해온 세계는 일에 의해 이루어졌다고 말한다.6) 일은 천직으로 칭송되었고 인간의 품위와 존엄성을 지켜주는 행동으로 받아들여져 왔다. 이러한 시각은 인간의 일을 기계가 대신한다는 것에 대한 거부감의 근원이 되고 있다. 기계들은 인간에게서 노동을 앗아

---

6) Dunlop, T. (2017), *Why the future is workless?*, Wales: University of New South Wales Press [엄성수 역, 『노동없는 미래』, 서울: 비즈니스맵, 2018], p.43.

감으로써 생계수단을 가져가기도 하지만, 인간성도 앗아간다.

그동안 정직하게 열심히 일하는 것은 정상적이고 도덕적인 사회의 토대를 이루는 것이었다. 일은 소득과 자본을 만들어낼 뿐 아니라 지속가능한 사회질서를 위해 기능적으로 잘 훈련된 개인이자, 통치하기 쉬운 국민이자, 교양 있는 시민이자, 책임감을 지닌 가족 구성원을 떠받치고 있었다. 일이 없이 자유로워지는 세상은 통치하기 쉬운 국민을 만들어내기 힘들다는 뜻이다. 그러므로 일을 저해하는 것은 사회질서를 저해하는 것으로 받아들여진다.

이런 상황에서 일하지 않는 사람에 대한 사회적 시선은 좋지 않다. 스스로 일을 하지 않거나, 일자리를 구할 수 없는 상황이거나 마찬가지이다. 일자리가 부족하다고 해서 훌륭한 시민이 빈둥거리는 것은 사회적으로 좋은 모습은 아니다. 이러한 시각은 오늘날까지도 이어지고 있어서, 구조적 실업으로 많은 사람들이 실업 상태를 겪고 그 안전망으로서 실업수당을 받는 사람들에 대해서도 사회는 그다지 우호적이지 않은 경향이 있다. 실업 상태에서 사람들은 급여가 적더라도 자리를 찾아야 하며 새로운 일을 위한 교육훈련을 게을리하지 않을 것이 기대된다.

새로운 노동관이 필요하다

이제 훌륭한 시민으로 산다는 것과 직업을 갖는다는 것을 동일시하는 우리의 노동관이 변화할 시점이 왔다.[7] 우리가 흔히 생각하는 괜찮은 삶의 물질적 조건들은 대개 서구에서 제2차 세계대전

---

7) Dunlop, T. (2017), *Why the future is workless?*, Wales: University of New South Wales Press [엄성수 역, 『노동없는 미래』, 서울: 비즈니스맵, 2018], p.54.

이후부터 생겨난 사회적, 경제적 환경의 산물들로서 제조업에 토대를 둔 경제에서 가능한 것들이다. 노동시간과 임금체계, 은퇴와 다양한 복지혜택 등이 거의 다 이 시기에 형성되었다. 노동자를 채용하여, 그들에게 적절한 수준의 금전적 안정감을 부여하고, 은퇴 후에도 물질적 편안함을 누릴 수 있게 해주는 복지국가의 전형적 형태는 하루아침에 이루어진 것이 아니다. 주말 휴무, 8시간 노동, 연차휴가, 휴일 급여, 병가, 초과근무 수당, 점심시간, 아동노동 금지 등은, 오랜 시간에 걸친 노동자들의 요구와 투쟁의 결과이자, 자본주의의 위기를 관리하기 위한 복지국가의 제도화 과정에서 이루어진 것들이었다.

2008년 금융위기 이후 세계적인 경기침체는 일반적인 경기 순환 상의 침체 이상의 영향을 끼쳤다. 우리가 익숙한 생활수준을 지탱하는 임금노동의 방식이 변화를 겪게 된 것이다. 숙련 노동을 기반으로 하는 제조업 중심의 체제가 인간의 직접적인 노동을 필요로 하지 않는 금융, 지식, 기술산업으로 이동하였고 이를 계기로 사람들의 일과 일자리의 본질이 변화하고 있음에도, 산업혁명과 뒤이은 제조업 중심의 패러다임이 만들어낸 노동과 직업윤리는 여전히 통용되는 중이다.

복지의 혜택을 받으려면 일하려는 의지를 보여줘야 하고, 실업수당은 실업 상태를 견디기 위한 수당이기보다는 구직활동을 전제로 주어지는 혜택이 되었다. 실업수당을 수령하는 동안 매달 구직활동을 하고, 직업 훈련을 받고, 구직 의지를 보여줄 수 있는 활동들을 하면서 이를 증명해내야 한다. 이것을 제대로 한다는 것을 증명하기 위해 구직자들은 제대로 쉬지 못하고, 이를 감독하는 데 국

나, 다니엘 블레이크
(I, Daniel Blake, 2016,
켄 로치 감독)

가는 많은 비용을 쓴다. 이들의 구직활동이 의미가 있으려면 일자리가 받쳐주어야 하는데, 그렇지 못한 상태에서는, 만들어놓은 제도에 편승해서 많은 사람들을 잠재적 부정수급자로 만드는 악순환이 빚어지고 있다.

영화 '나 다니엘 브레이크(I, Daniel Brake)'에서 주인공은 실업수당을 받기 위해 아픈 몸을 이끌고 구직활동을 하러 다닌다. 관료화된 복지제도가 개인의 삶을 어떻게 피폐화시키는지 영화는 적나라하게 보여준다.

얼마나 오래 일해야 하는가

케인즈(John Keynes)는 미래 사회는 하루 3시간만 일하면 먹고 사는 문제를 해결할 수 있다고 예측하였다.[8] 버트런트 러셀(Bertrand Russell)은 일하는 시간을 최소화하고 나머지 시간은 학문을 통해 안목을 키우며, 자신이 좋아하는 여가시간을 즐기고, 좋아하는 사람들과 교류하라고 말한다.[9] 그래도 시간이 남으면 다른 사람을 도우라고 한다. 그러기에 바람직한 일하는 시간은 하루 3~4시간 정도다. 산업혁명 이후 획기적으로 노동생산성이 향상되었고 케인즈와 러셀이 이야기한 삶의 형태가 벌써 실현되었어야 함에도, 여전히 인류의 대다수가 8시간 노동도 실현되지 못하는 사회에 살

---

8) Keynes, M. (1930), "Economic Possibilities for our Grandchildren" in Essays in *Persuasion*, New York: Harcourt Brace, 1932.

9) Russel, B. (1935), *In Praise of Idleness and Other Essays*, London: George Allen & Unwin [송은경 역, 『게으름에 대한 찬양』, 서울: 사회평론 2005].

고 있다.

우리나라만 보더라도 장시간 노동은 경제성장과 시간의 흐름을 고려했을 때 빠르게 나아지지 않고 있다. 우리나라의 연간 노동시간은 OECD 참여국가들보다 평균적으로 300시간 내외로 길었으며, 이는 19세기 서구의 노동시간과 비슷하다.

세계가치조사(World Value Survey)에서 우리나라 사람들은 삶에 있어서 노동이 "매우 중요하다"고 응답한 사람이 60%이며, 이는 영미권과 유럽국가보다 두 배를 넘는 수준이다.[10]

이러한 태도는 청년실업 문제에 대해 기성세대가 개인적인 문제로 바라보며 청년들의 부지런함을 문제삼는 시각의 문화적 저변을 형성한다. 그렇다면 우리나라의 청년들은 덜 부지런한가? 이상이나 꿈에 도전하기보다는 현실에 안주하고 있는가? 과거보다 더 부모나 주변에 의존적인가? 우리나라의 장시간 노동을 구성하는 청년노동의 시간을 보게 되면 이러한 의문은 불필요하다.

02 일과 삶의 재정의

1) 일의 재정의

좋은 삶과 좋은 일에 대한 정의

탈일자리의 시대, 청년들은 스스로 일을 정의해나가야 한다. 일을 새롭게 정의한다는 것은 좋은 삶에 대한 질문이기도 하다. 좋

---

10) 김기헌 (2018), 『청년프레임』, 서울: 이담.

은 삶은 과연 무엇일까? 소득수준, 인간관계, 사회 참여 등에 있어서 만족스러운 삶의 형태에 대한 태도의 변화가 일의 재정의와 밀접한 관련이 있다. 새로운 시대의 일의 재정의는 일과 삶에 대한 태도 변화가 동반되지 않으면 기존의 일자리를 늘리는 방법론으로 전락하게 된다.

일자리를 재정의함에 있어 먼저 살펴볼 수 있는 것이, 기존에 일로 여기지 않았던 일들을 새롭게 일로 정의하는 일이다. 예를 들어 돌봄노동, 자원 봉사, 농경사회의 미덕이었던 품앗이와 같은 것들을 일로 재해석하는 것부터 시작할 수 있다. 결국 일자리를 재정의한다는 것은, 각자가 일의 주체가 되어 보람을 키우는 것이다. 노동시간을 줄이고 여가를 늘리는 것이다. 공동체 속에서 좋은 관계를 맺고 안전함을 가꾸는 것과 연관시켜 다양한 상상과 실험을 해볼 필요가 있다.

그러면 어떤 일을 해야 하나?

일을 재정의함에 있어서 먼저 기존의 일들을 새롭게 바라볼 필요가 있다. 또한 4차 산업혁명으로 기계로 대체되지 못할 인간의 복합적 특성을 고려한 일들을 새롭게 인식할 필요가 있다.

20세기 후반까지는 새로운 기술이 등장한다 해도 처음에는 노동을 대체하면서 일자리가 일시적으로 주는 듯 하지만 결과적으로 생산성이 높아지고 소득이 늘어나면서 그 소득을 소비하는 과정에서 다시 일자리가 만들어지는 선순환이 가능했다. 그러나, 이처럼 새로운 일자리가 대량으로 창출되는 일은 이제 찾기 어려워질 것이며, 특히 대량생산을 기반으로 한 제조업에서는 그와 같은 대규모 고용의 시대는 끝이 났다고 보아야 한다.

그렇다면 기계가 대체할 수 없는 사람의 일이란 어떤 것들일까?11)

먼저 인간의 창의성을 필요로 하는 일들이다. 문화 예술, 콘텐츠, 소프트웨어 같은 분야는 화폐가치로 환산되기 어려운 분야이다 보니 제대로 그 가치를 인정받지 못하였다. 그러다 보니 경제적으로 여유가 있는 사람들이 그 분야에 종사하거나, 경제적으로 여유가 없다면 열악한 노동조건을 감내하며 창의적인 일에 대한 보상을 제대로 받지 못하는 경우가 많았다.

다음은 공감하고 돌보는 일이다. 상담, 보육, 간병 등 소통과 정성이 필요한 일들은 인간이 잘 할 수 있는 영역임에도 불구하고 그동안 제대로 경제적 보상을 받지 못해왔다. 가사노동과 보육, 어르신 케어, 헬스케어 등은 제대로 된 일로 인정받지 못해 처우가 열악한 편이다. 병든 노인을 돌보는 간병인이나 요양보호사, 사회복지사와 보육교사들의 처우는 현재 매우 낮아서 젊은이들이 직업으로 인식하기 어려운 상태이다. 특히 고령화 사회로 접어들고 있는 한국 사회에서 돌봄을 필요로 하는 노년층이 늘어나면서 돌봄은 새로운 일자리로 인식되어야 하며 청년세대들이 일할 만한 괜찮은 일자리로 만들어야 한다. 돌봄 영역은 기계가 대체하기 힘든 영역이다. 앞으로 이러한 영역을 일로 인정한다면, 좋은 일자리로 자리 잡을 가능성이 충분하다.

그러려면, 청년들이 좋은 일자리로 받아들일 수 있을 정도의

---

11) 일의 재정의에 대하여는, <이원재 (2016), 『아버지의 나라, 아들의 나라』, 서울: 어크로스; 조형근 외 (2015), 『섬을 탈출하는 방법』, 서울: 반비>의 논의를 참고하고 자체 연구를 토대로 작성하였음.

경제적 보상, 돌봄 노동에 대한 사회적인 인식 개선 등이 따라와야 한다. 이를 위해 사회적 경제의 다양한 주체들이 돌봄 영역을 제대로 된 일자리로 만드는 데 힘쓸 필요가 있다. 사회적 기업, 협동조합, 마을 기업 등 사회적 경제의 주체들이 돌봄 노동을 안정적 소득, 사회적 인정, 개인적 보람이 결합된 일자리로 만들어가는 주체가 되어줄 수 있다.

다음은 연결하고 조정하는 일이다. 사회혁신(Social Innovation)의 영역에서 가장 두드러지게 나타나는데, 우리 사회의 크고 작은 문제를 해결하려는 열정이 있는 사람과 그 문제를 해결할 실무적 능력이 있는 사람이 연결되어 사회적 가치를 창출한다. 이런 사람들이 만나서 새로운 상품을 생산하고 서비스를 제공하는 사람이 사회혁신가 혹은 사회적 기업가이다. 사회 문제를 해결하기 위한 연결에 뛰어든 사람들, 즉 사회혁신가들은 기존의 체제를 최대한 활용하여 일하고 있으나, 새로운 시대에는 이들의 역할에 대한 명백한 인정이 필요하다. 그럼으로써 사회혁신 활동에 대한 교육과 보상, 투자가 지속가능할 수 있다.

이처럼 상상력과 창의성을 발휘해야 하는 일, 공감과 돌봄, 조정과 설득과 같은 일은 기계가 대체하기 어려울 뿐더러, '일자리' 관점에서 보면 일자리에 따라붙는 역량이었지 그 자체가 일자리로 인식된 일들은 아니었다. 기업이 일정한 성과를 내기 위해 개인이 갖추어야 할 덕목을 리더십으로 표현한다면, 리더십에서 갖추어야 할 덕목이 바로 공감과 조정과 같은 역량이며, 이는 추상화된 역량이었지 일자리 그 자체는 아니었다. 이러한 성과를 내기 위한 과정에서 요구되는 역량들은 그동안에는 일정한 성과에 따라오는 부수

적인 일로 여겨져 왔으나, 이제는 분명한 일의 영역으로 인정하여
야 한다.

　이런 분야가 일자리가 되려면, 이에 대해 높은 가치를 부여하
고 경제적 보상이 이루어지도록 사회적 합의가 필요하다. 문재인
정부 들어서 광범한 사회복지 영역에 일자리를 만들려는 시도는 그
런 의미에서 시대의 흐름과 함께 한다. 다만, 많은 사람들에게 익숙
하지 않는 분야이기에 다각도의 노력으로 사회적 합의가 이루어져
야 한다. 그래야 기술로부터 만들어진 산출물을 적절하게 배분하면
서도 새로운 사회에 필요한 것들을 충분히 조달할 수 있게 된다.

새로운 시대에 필요한 역량은 기업가정신

　탈일자리 사회로의 이행으로 전 생애에 걸쳐 일의 '포트폴리
오'를 쌓아가는 것이 자연스러운 일의 형태가 되어가고 있는 현실
에서, 가장 중요한 것은 기업가정신(Entrepreneurship)이다. 오스트리
아의 경제학자 슘페터(Joseph Schumpeter)는 기업가정신에 대하여
'시장에서 변화를 추구하는 혁신가정신'이라고 했고,12) 피터 드러커
(Peter Drucker)는 '변화를 탐구하고, 변화에 대응하며, 변화를 기회
로 이용하는 것'으로 정의했다.13) 기업가정신은 '변화를 추구하고,
혁신을 이루며, 실행해나간다'는 점에서 의미가 모아지고 있다. 기
업가정신은 오늘의 시대가 원하는 핵심역량이기도 하다.

12) Schumpeter, J. (1934), *Theorie der wirtschaftlichen Entwicklung*, Duncker & Humblot [박영호 역, 『경제발전의 이론』, 서울: 지만지, 2014].
13) Drucker, P. (2006), *Innovation and Entrepreneurship*, Harper Business [권영설 역, 『피터드러커의 위대한 혁신』, 한국경제신문사, 2006].

2) 새로운 일하는 형태

'긱 경제'(Gig Economy)와 프리랜서(Freelancer)

일에 대한 새로운 접근은 미래에 대한 예측이나 전환기에 대한 통찰로만 회자되는 것이 아니라, 실제 현실 세계에서 일어나고 있다. 고용의 유연화로 광범하게 퍼져있는 비정규직과 임시직이 디지털화와 인터넷 플랫폼을 만나 '긱 경제(Gig Economy)'를 이룬다. Gig Economy는 필요할 때마다 필요한 사람과 임시 계약을 맺고 일을 맡기는 형태이다. Gig은 가수들이 클럽을 옮겨 다니면서 공연하는 것을 칭하는 용어인데, 이제 사람들이 일하는 방식도 Gig처럼 되어간다는 뜻에서 이러한 용어가 탄생하게 되었다.

Gig Economy는 첨단의 도시 실리콘밸리에서 시작되었는데, 비교적 희소성이 크고 전문성이 높은 기술을 보유한 사람들, 예컨대 정보기술(IT) 전문가, 기자, 크리에이터, 그래픽디자이너 등이 한 곳에 얽매이지 않고 프로젝트 단위로 일하면서 경제적 자유를 누릴 수 있다는 점에서 주목되기 시작하였다. Gig Economy에서 일하는 사람들을 프리랜서, 독립계약자라고 하는데, 이전에는 직장에 속해 있기보다는 '자기고용(self-employed)'으로 필요에 따라 계약을 맺고 일하는 형태를 의미했다면, 이제는 프리랜서가 일반적인 노동의 형태가 되어버렸고 세계적으로 퍼져나가고 있다.

산업화 시대에는 간헐적으로 존재하던 프리랜서 형태가 이와 같이 일반화될 수 있었던 것은, 디지털화와 인터넷 플랫폼을 통해 일을 배분하는 것이 가능해졌기 때문이고, 이렇게 인터넷을 통해 연결되는 사람들을 '크라우드 워커'(Crowd Worker)라고 하며 이러한 형태의 노동을 '플랫폼 노동'이라고 부른다. 미국 캘리포니아주 마운틴뷰에 본사를 둔 일자리 연결 플랫폼 업워크(Upwork)의 경우 등록된 계약직원이 1천만 명이 넘고, 거래 규모가 연간 10억 달러(약 1조 2천억원)에 이른다. 운전사와 승객을 연결해주는 우버(Uber)에는 100만 명이 넘는 사람들이 참여하고 있다. 클릭워커(Clickworker·고객이 프로젝트를 의뢰하면 자신들이 관리하는 프리랜서들을 통해 업무를 수행하는 업체), 아마존의 메커니컬 터크(Mechanical Turk·온라인 인력시장 서비스) 등에는, 불과 몇 센트를 받고 짧은 글을 써줄 사람, 슈퍼마켓에서 제품 사진을 찍어줄 사람, 소프트웨어를 체크해 문제점을 찾아줄 사람, 상품 포장을 설계해줄 사람을 찾는 주문 광고가 올라온다.14)

　　이러한 플랫폼 노동에 기반한 긱 경제는 개인에게는 소득 불안정을 가져다주고, 과거 노동3권을 보장받던 조직된 노동자의 힘을 무산시키고 있어, 개인 노동자의 권리 보호와 복지제도의 개선이 뒷받침되어야 한다. 앙헬 구리아(Angel Gurria) OECD 사무총장은 "우리가 과거 100년 동안 정비해놓은 사회보장제도는 고용자와 피고용자 간의 안정된 관계에 기반을 두고 있다. 그런데 이 관계의 경계가 무너지고 있다. 일자리라는 것이 오늘날 도대체 무슨 의미를 갖는가?"라는 물음을 던지기도 하였다.

청년 사회혁신가

　　2010년 이후 사회적 기업이 활성화되면서 우리사회에 사회혁신가의 길을 가는 청년들이 등장했다. 서울시는 청년일자리 창출과 제도적 안전망 구축을 동시에 해결하는 방식으로 2013년 서울시

---

14) 이코노미 인사이트, 2016.3.1. "로봇에 밀려난 인간, 내일 뭐먹지?".

청년일자리허브를 개관하였다. 청년허브는 청년혁신 활동가 양성사업을 전개하며, 청년실업이라는 구조적 조건을 벗어나 대안적 삶을 모색할 수 있는 방식으로 청년들이 사회혁신 비즈니스에 도전하거나 시민단체에서 일할 수 있도록 하고 있다.

청년허브는 사회적 기업과 청년을 매칭하여 청년들이 사회혁신에 대한 심리적 장벽을 낮추는 효과를 가져오기도 하였는데, 사

회적 가치를 실현하는 일을 하면서도 적절한 경제적 보상을 받고, 경쟁이 아닌 협력과 연대를 경험하는 현장이라는 점에서 청년들에게 새로운 일과 삶의 대안으로 작용한 바 있다.

출처: 청년허브 페이스북 공식계정

03 새로운 창업 환경

1) 창업 환경이 변화하고 있다

청년 창업을 용이하게 하는 환경적 요소

창업을 해야겠다고 결심하면 예비 창업자는 다양한 준비를 해야 한다. 창업자가 준비해야 하는 것들은 어떤 것일까? 돈, 아이템, 비즈니스 모델, 사람, 사무실, 판로 개척, 마케팅채널, 협력사 등등 생각하고 고민해야 할 것이 너무도 많다. 어느 하나가 다른 것들보다 중요하다고 단정지어 말하긴 힘들다. 어떤 하나의 요소가 결정

적인 성공의 이유가 되기도 하고 또 그렇지 않기도 하기 때문이다. 성공의 이유는 다양하지만 실패의 이유는 대체로 실천과정에서 나타나는 경우가 많다. 팀원을 잘못 만났다던가, 제때에 펀딩(자금 수혈)을 이루지 못했다던가, 이해관계자와의 소통이 원활하지 못했다던가 하는 점 등은 창업의 실천단계에서 나타나는 일들이다.

다행히 청년들의 창업은 예전보다 어렵지 않다. 먼저, IT와 통신 환경의 변화로 창업의 아이템을 정하고, 고객을 검증하고, 다양한 사람들로부터 협력을 끌어내는 데 용이한 환경이 만들어졌다. 또한, 공유경제 플랫폼을 통해 비즈니스 기회가 넓게 펼쳐져 있고 펀딩 기회를 폭넓게 활용할 수 있는 길이 열려 있다. 청년들이 이와 같은 환경을 활용하기 위해서는 다양한 정보통신기술(Information & Communication Technologies)을 활용할 수 있는 능력을 키워 창업 활동에 적용해나갈 수 있어야 한다.

다음으로, 역시 IT와 통신 환경과 연관되지만, 크라우드 펀딩(Crowd funding)으로 빠르게 창업 내용을 실험해보고, 자금을 모을 수 있는 길이 열리게 되었다. 크라우드 펀딩은 다양한 사람으로부터 내가 창업하고자 하는 주제에 대한 지지를 확인할 수 있는 통로이기도 한데, 실제 자금을 모으는 것이 첫 번째 목적이라면, 펀딩 과정에서 시장의 반응을 볼 수 있고, 펀딩에 참여한 사람들이 오래도록 충성고객이 될 수 있다는 점에서 하나의 마케팅 과정으로 보아야 한다.

마지막으로, '린스타트업'(Lean startup)이 의미하듯이, 창업의 생태계가 변화하였다. 창업 자체가 개인적인 자산을 모두 끌어 모아 흥하고 망하는 프레임이 아닌, 쉽게 실험해보고, 고쳐나가며, 궁극적으로 성공적인 창업에 이르거나 혹은 창업을 달성하지 않더라도 이 과정에서 많은 배움의 기회를 가질 수 있게 된 것이다. 이러한 개념을 린스타트업이라고 하며, 국내에 다양한 각종 청년 창업 캠프 프로그램 등을 적극적으로 활용하여 그러한 실험들을 해나갈 수 있다. 각각의 내용을 좀 더 상세히 살펴보기로 하자.

IT환경의 변화

IT와 통신 환경의 변화는 비즈니스와 펀딩 기회를 엄청난 규모로 확대해주었다. 웹(Web)과 앱(App) 환경에서 다양하게 펼쳐진 플랫폼을 통해 창업을 통한 시장 진입이 쉬워졌다. 그 중에서도 모바일 혁명은 창업을 꿈꾸는 이들에게는 큰 변화의 계기가 되고 있다. 스마트폰 이용자가 2천만 명을 넘어서면서 사람들의 라이프스타일이 바뀌고 있고, 이러한 변화의 시점은 창업의 기회가 되기도 한다. 한편, 소셜 미디어 시대가 오면서 마케팅에도 큰 변화가 생겨나, 마케팅에 활용할 수 있는 다양한 채널이 생겨났다. 포털사이트의 키워드 마케팅, 블로그, 인터넷 카페 등에서 개인 미디어, 페이스북, 트위터 같은 소셜미디어에 이르기까지 다양한 공간을 활용할 수 있게 되었고 활용 방법에 따라 큰 효과를 거두기도 한다. 이러한 소셜 미디어는 비용이 거의 들지 않고 노력한 만큼 효과를 볼 수 있으며, 그 효과를 측정할 수 있다는 장점이 있다. 소셜 미디어는 고객과 직접 커뮤니케이션할 수 있어 충성 고객이 절실한 스타트업에게 훌륭한 기회의 채널이 되어 주고 있다.

공유경제의 확산

공유경제는 '물건을 소유하는 개념이 아닌 여럿이 서로 빌려

쓰고 나눠 쓰는 경제활동'이라는 의미로, 모바일 택시 예약 서비스 우버(Uber)와 세계 최대 숙박 공유 서비스 에어비앤비(Airbnb)가 공유경제의 성공 모델로 잘 알려져 있다.

2008년 8월 캘리포니아에서 조 게비아(Joseph Gebbia Jr.), 브라이언 체스키(Brian Chesky), 네이선 브레차지크(Nathan Blecharczyk) 세 명의 공동창업자에 의해 설립된 에어비앤비(Airbnb)는 2018년 기준 191개국의 65,000도시에서 400만 건의 숙박리스트를 서비스로 제공하고 있고, 2억 6천만 건 이상의 숙박 연결이 이뤄진 세계적인 숙박 서비스 제공업체로 성장했다. 이들은 다양한 국제 컨벤션 행사 때마다 숙박시설이 만실이 되는 것을 보고, 자신들이 비싼 렌트비를 내고 사용하고 있는 집의 방 한 칸을 빌려줄 아이디어를 떠올리게 되고 곧이어 이 창업아이디어를 실행으로 옮겼다. 처음에는 아무도 귀를 기울여주지 않았지만 미국 실리콘밸리의 창업 엑셀러레이터 '와이 컴비네이터'(Y-Combinator)의 투자와 경영 컨설팅을 받으며 급성장의 계기를 맞았고 지금은 자산 가치 300억 달러로 세계적인 호텔체인 힐튼 호텔(Hilton Hotels & Resort)의 자산가치 290억(2020년 기준) 달러를 넘어선다. 호텔 방 하나를 소유하지 않고도 이렇게 성공하게 된 것은 공유경제 모델을 실현에 옮긴 그들의 아이디어와 실행력이 있었기에 가능했다.

공유경제는 협력적 소비라는 사회혁신적 메시지를 담고 출발하여 인터넷 기반 플랫폼에서 자산, 자원, 시간, 기술 등 다양한 분야에서 공유를 실현하며, 지난 10여 년 간 엄청난 성장을 이루어내고 있다. 이러한 성장이 기존 산업과의 충돌을 빚고 있어 규제라는 리스크가 존재하지만 자산을 소유하지 않고도 창업이 가능한 환경을 가져왔다는 점에서 주목할 만하다.

 공유경제 분야[15] ────────────────────

제품: 제품 공유는 맞춤 상품, 대여 및 중고 제품 등 세 가지 범주에서 활성화되고 있다. 퀄키(Quirky)는 맞춤 상품 업체로서 독특한 아이디어 제품을 생산해 판매하고 있으며, 명품 가방, 액세서리 등을 빌릴 수 있는 백보로오어스틸(Bag, Borrow or Steal), 중고 물품 거래나 구인 등에 이용하는 크레이그리스트(Craigslist) 등이 있다.

교육: 대규모 온라인 공개강좌의 대표 격인 코세라(Coursera), 개인과 개인이 진행하는 DIY(Do It Yourself) 등도 있다.

서비스: Gig Economy 확산과 연결된 것으로서, 프리랜서를 일자리에 연결한다. 자원봉사로 시간을 예금하고 도움을 받아 자신의 시간을 사용하고 도움을 주고받는 타임뱅크(Timebanks), 프리랜서를 위한 플랫폼인 프리랜서(Freelancer), 오데스크(oDesk) 등이 있다.

유틸리티: 오픈가든(Open Garden)은 파이어챗(FireChat)이라는 무료 폐쇄형 모바일 응용프로그램을 개발해 더욱 빠르고 효율적인 데이터를 전송하고, 네덜란드 스타트업 판데브론(Vandebron)은 농부가 생산한 친환경 전기를 소비자에게 직접 판매하는 플랫폼을 만들어 개인이 전기를 공급할 수 있다.

물류: 클라우드 기반 플랫폼을 갖춘 프렌드시퍼(Friendshippr), 자전거로 소포를 배달하는 우버러시(Uber Rush), 차고나 빈방 등을 활용해 물품을 보관해주는 셰어마이스토리지(Sharemystorage) 등이 있다.

───────────────

15) <Stephany, A. (2015), *The Business of Sharing: Making it in the New Sharing Economy*, Palgrave Macmilan [위대선 역, 『공유경제는 어떻게 비즈니스가 되는가』, 서울: 한스미디어, 2015]>를 참고하여 요약함.

교통: 모바일 차량 예약 서비스 우버(Uber), 자동차 승차 공유 서비스 리프트(Lyft) 등이 있다.

공간: 공유 공간은 임대 최적화, 개인 공간, 사무 공간으로 나뉘며 임대 최적화를 제공하는 회사들은 비욘드(Beyond), 스마트호스트(SmartHost) 등이 있다. 개인 공간 회사들은 숙박 공유 서비스 에어비앤비(Airbnb), 홈어웨이(Home Away) 등이 있다. 사무 공간 제공 회사들은 온라인 기반으로 사무실을 공유하는 셰어데스크(Sharedesk), 피봇데스크(Pivotdesk) 등이 있다.

음식: 여행객을 저녁 식사에 초대하는 이트위드(Eatwith), 주방장을 집으로 초청해 인건비만 주고 요리를 부탁하는 키친서핑(Kitchen Surfing) 등이 있다.

금전: 크라우드펀딩과 대출, 대안 통화 세 분야로 나뉜다. 킥스타터(Kickstarter)가 대표적이고 우리나라에는 비플러스, 농사펀드 등이 있다. 개인과 여유자금이 있는 개인을 연결해주는 렌딩클럽(LendingClub) 등이 있다.

건강: 클라우드 기술이 발전하고 건강관리의 질과 비용에 대한 소비자 인식이 확산되면서, 건강관리와 건강증진이 진보하고 있다. 건강관리 제공 회사로는 의료장비와 의료시설, 나아가 의료정보를 공유하는 코힐로(CoHealo) 등이 꼽힌다.

롱테일 비즈니스의 확산

인터넷과 함께 등장한 롱테일(Long Tail) 비즈니스는 기존의 거대기업만이 누리던 '규모의 경제'(Economy of Scale)가 아닌, 작고 다양한 영역에서의 사업기회를 만들어냈으며, 이는 소규모 창업의 기회이기도 하다. 인터넷 환경에서는 소비자들의 다양한 취향이 드러나고 그 취향에 맞추는 것이 중요해지며, 이는 작은 기업에게 오히려 유리하다.

낮은 창업 비용

창업 비용 또한 엄청나게 낮아졌다. 예전에는 창업한다고 하면 사무실 구하고 사람 구하는 걸 먼저 해야 했다. 지금은 초기 비용을 아껴줄 다양한 형태의 코워킹 스페이스(co-working space)에서 1인 기업으로 일하다가, 팀이 생기면 조금 더 넓혀나갈 수 있다. 그들만의 공간이 아닌, 함께 하는 열린 공간에서 소통하는 가운데 연결하고 더 좋은 협력이 일어난다.

한편, 인터넷 기반의 창업이라면 아이디어를 가지고 앱(app)을 개발하고 그것을 적은 비용으로 빠르게 시장에서 실험해볼 수 있는 길이 열렸다.

파괴적 혁신과 오픈 이노베이션

'파괴적 혁신'(disruptive innovation)은 하버드 경영대학의 클레이튼 크리스텐슨(Clayton Christensen) 교수가 『혁신가의 딜레마』에서 제안한 개념으로서, 새로운 시장과 가치(value network)를 창조해 내는 혁신의 유형을 개념화한 것이다.[16] 기존 시장과 고객층을 그대로 두고 제품과 서비스의 성능 향상에 초점을 맞추는 지속적 혁신(sustaining innovation)과 달리, '파괴적 혁신'은 '시장의 기저(bottom of market)'에서 기존의 시장 경계선을 파괴하며 새로운 시장을 창출한다.

대기업 SK 텔레콤이 모바일 메신저를 구현할 기술을 가지고

---

16) Christensen, C. (1997), *The Innovator's Dilemma: When New Technologies Cause Great Firms Fail*, Harvard Business School Press; Christensen, C. et al. (2004), *Seeing What's Next*, Harvard Business School Press.

있으면서도 기존 문자서비스와의 충돌을 우려해 쉽게 서비스 제공을 시작하지 못하던 와중에, 카카오라는 작은 회사가 카카오톡으로 모바일 메신저 분야에 진입해 순식간에 고객을 끌어모으고 그것을 기반으로 다양한 플랫폼 서비스를 제공하고 있는 예가 대표적이다.

대기업은 시장이 충분히 커지고 사업성이 있을 때 자본과 유통의 힘을 가지고 사업을 전개한다. 성공한 기업, 성공한 사람들, 그리고 성공한 사람들이 굳게 믿는 '합리성'의 의사결정 기준으로는 작은 기업이 내놓은 파괴적 혁신을 이기지 못하기 때문에 작은 기업의 혁신이 위력을 발휘하게 된다. 끊임없이 더 빨리, 더 화려한 세계로 향해가는 대기업 주도의 기술혁신과는 달리, 오히려 더 낮은 수준의 기술에 주목해서 비고객을 고객으로 끌어들이는 경우가 바로 파괴적 혁신이다. 기존 시장이 포화상태에 이르렀고, 이 시장을 뛰어넘는 혹은 우회하는 새로운 비즈니스 모델을 추구한다면, 시장마저도 '재정의'하는 것이 파괴적 혁신이라고 할 것이다. 파괴적 혁신을 통해 혁신 기업은 전혀 새로운 시장 또는 새로운 비즈니스 모델을 창출해낸다.

그러다 보니 '파괴적 혁신'에서의 마케팅 전략은, 현재의 '필요'에 근거한 수요조사 결과 같은 수치를 보기보다는, 사람들의 '행위'에 집중하여 사람들이 어떻게 새로운 상품이나 서비스를 해석하고 그들의 '생활세계'에 적용시킬 것인지에 주목한다. 기존의 대규모 수요조사를 해낼 수 있는 자원이 없는 혁신기업으로서는 적은 수의 고객이라도 통찰력을 가지고 관찰하고 인터뷰하는 형태로 고객을 이해할 수 있다. 최근 많이 활용되고 있는 디자인 씽킹(Design Thinking) 접근

도 그 예이다.[17]

한편, 거대 기업들이 누렸던 규모의 경제가 성장의 동력이 될
수 없다는 자각 아래, 사내 벤처가 도입되는 추세다. 이를 기업가정
신(Entrepreneurship)에 대응하는 사내기업가정신(Intraprenership)이라
고 한다. 최근에는 '오픈 이노베이션'(Open innovation)이라 하여 기
업의 혁신 프로세스를 공개하고 외부의 다양한 아이디어를 포괄해
나가는 것이 새로운 혁신의 패러다임으로 등장하였다. 작은 벤처기
업의 경우 대기업 오픈 이노베이션(open innovation)의 파트너로서
활동하면서 기술과 시장의 기회에 이전보다 쉽게 접근하는 환경이
생겨나고 있는 것이다.

2) 린스타트업을 통하여 빠른 실행이 가능하다

창업 환경이 변하면서 린스타트업(Lean Startup)이라는 새로운
창업방식이 각광을 받고 있다. 린스타트업은 빠르게 실행하고 고쳐
나가거나 빠른 방향 전환을 해나간다는 뜻이다. '스타트업'은 창업
초기 벤처기업이라는 의미로, 미국 스탠포드 대학의 스티브 블랭크
(Steve Blank) 교수는 "스타트업은 반복가능하고 확장시킬 수 있는 비
즈니스 모델을 찾기 위해 구성된 임시조직"이라고 정의한다.[18] 즉
스타트업 자체가 린스타트업을 하는 조직이라는 뜻이다. 벤처기업
을 기업이라고 하기보다는 스타트업이라고 강조한 것은 그만큼 창

---

17) Kelly, T. and Kelly, D. (2013), *Creative Confidence: Unleashing the Creative Potential Within Us All*, New York: Crown Business [박종성 역, 『유쾌한 크리에이티브』, 서울: 청림출판, 2014].

18) Blank, S. and Dorf, B. (2012), *The Startup Owner's Manual*, K&S Ranch [김일영 외 역, 『기업창업가매뉴얼』, 의왕: 에이콘, 2014].

업이 가변적이고 실험적이라는 것에 무게를 둔 것이라 할 수 있다.

이전의 창업이 모든 것을 준비해서 무거운 출발을 하는 것이었다면, 새로운 시대의 창업은 스타트업이라는 용어가 보여주듯이 무겁지 않고 가볍게 시작하고 실험하며 그 속에서 성공의 방식을 찾아간다. 인터넷 환경에서 비즈니스 모델을 다양하게 실험하는 것이 가능해졌고 그만큼 창업비용도 빠르게 낮출 수 있게 되었고, 또, 그래야 한다.

린스타트업은 좋은 아이디어와 제품은 반복적인 시행 착오를 통해 더욱 완벽하게 다음을 만들어 갈 수 있다는 원칙에 기반하여, 지속적인 혁신을 만들어내는 방식으로서 창업가들을 중심으로 빠르게 확산되어 가고 있다.

3) 크라우드 펀딩을 통해 쉽게 자금을 확보할 수 있다

크라우드 펀딩(Crowd Funding)은 제품이나 서비스 또는 프로젝트의 기획자가 자신의 아이디어를 플랫폼을 통해서 소개하고, 그에 공감하는 참가자들이 리워드(reward)에 따라 기부형, 보상형, 투자형, 대출형 등의 형태로 참여하게 되는 펀딩 방식이다. 미국에서는 킥스타터(Kickstarter), 영국에서는 조파(Zopa), 한국에는 와디즈(Wadiz), 오마이컴퍼니(ohmycompany)가 크라우드 펀딩으로 잘 알려져 있다.

크라우드 펀딩은 대중적 공감이 중요하기 때문에 특히 사회적 문제 해결이나 사회적 가치 창출을 목표로 개발되는 제품과 서비스에 많이 활용되고 있다. 2019년 고용노동부에서 주최한 사회적경제 기업 대상 크라우드펀딩 사업에 총 116개의 프로젝트가 개설되었고, 펀딩에 참여한 투자자는 2,987명, 펀딩 금액은 총 17억 1,692만 5,900원에 달하였다.

소셜 벤처 등 사회 문제 해결을 위한 창업 기업에 대한 투자를 임팩트 투자(Impact Investment)라고 하는데, 임팩트 투자계에 2016년에 등장한 비플러스(B-Plus)는 P2P(Person to Person) 거래의 플랫폼으로서 투자자와 사회적 가치 창출 기업을 연결해주는 소셜 벤처이다. 개인간 거래인 P2P를 연계하는 과정에서 사회적 가치와 재무 건전성 등을 평가하여 투자 대상을 추천하고, 회원으로 가입한 소액투자자들이 1만원부터 500만 원까지 투자할 수 있다. 투자자들은 투자를 통해 사회적 기업들에 대한 지지를 보내고, 5~6% 정도의 이자, 그리고 사회적 기업들의 제품을 리워드로 제공받는다. 2018년 6월까지 46차례에 걸쳐 15억 원이 넘는 대출을 진행했으며, 2018년에 50억 원 대출을 달성하였다.

탈중앙화된 P2P거래의 편리성과 크라우드 펀딩이 가진 공감과 지지의 요소가 결합되어 사회적 기업은 물론 자신이 응원하는 벤처 기업에 대한 소액투자가 가능해진 환경은 청년 창업가들의 유용한 자금 동원 채널이 되어 줄 것으로 보인다.

4) 청년 창업 지원 정책과 프로그램을 활용하자

창업자금 지원

청년 창업에 대한 정책 지원이 많아진 요즘 같은 경우에는 정책자금을 지원받는 것도 좋은 방법이다. 정책자금은 순수한 자금지원 방식과 낮은 이자의 대출 방식이 있다. 순수 자금지원은 대개 2,000~5,000만 원 정도를 심사를 거쳐 지원하는 방식인데, 청년 창업을 지원하기 위한 자금이기 때문에 초기 창업을 일으키는 데 긴요하게 쓰일 수 있다.

창업기업은 대개 벤처캐피탈 회사로부터 투자를 유치한다. 벤처캐피탈은 주로 몇 년 내 기업 공개를 앞두고 있는 기업, 또는 최소 10억 원 이상 투자하여 5~7년 이내 투자금을 회수할 수 있는 곳에 투자하는 것이 일반적이다. 창업 기업의 경우 이런 곳으로부터 투자 유치를 하는 것은 쉽지 않으며 스타트업에 관심을 두는 곳들을 두드려봐야 한다. 본엔젤스벤처파트너스, 쿨리지코너인베스트먼트 등이 그런 곳이다.

2008년에 설립된 SOPOONG은 소셜 벤처에 아이디어 단계부터 창업교육, 비즈니스 컨설팅, 투자 등을 진행하는 곳이다. 이런 움직임은 1990년대 후반 창업한 인터넷 창업 1세대들에 의해 이루어지고 있는데, 이들은 사회혁신가와 같은 진정성있는 경영자를 찾아 지원하며, 이를 통해 사회적으로 기여하고자 한다. 청년들이 창업을 하고, 그 과정에서 가치있는 상품과 서비스를 세상에 내놓는 것을 투자와 멘토링을 통해 돕고자 하는 것이다.

이들은 사회적 기업을 발굴할 뿐만 아니라, 인큐베이터, 엑셀러레이터의 성격까지 입체적으로 갖춘 투자자의 모습을 띠고 있다. 또한 대기업 사회공헌 재단인 SK 행복나눔재단도 사회적 기업을 지원하고 있고, D3 Jubliee와 크레비스(Crevisse Partners)는 소셜 벤처를 발굴하고 투자와 경영지원을 제공하는 투자회사로서 그 자체가 사회적 기업이라고 할 수 있다. 루트임팩트는 사회혁신 생태계의 대표적인 임팩트 투자기관으로 성수동 소셜 밸리 생태계 조성의 중심 역할을 담당하였고, 임팩트 스퀘어(Impact Square)와 MYSC는 투자는 물론 교육 프로그램 제공과 다양한 임팩트 투자 생태계 조성 사업을 전개하고 있다.

한편, 최근 들어 임팩트 투자 관련 기금이 눈에 띄게 조성되고 있으며, <표 1>에서 그 상황을 알 수 있다.

〈표 1〉 국내 임팩트 투자 기금/펀드 현황

1. 사회가치기금	5년 내 3,000억 원 마련. 민간의 자발적 기부 출연 중심(세제혜택 제공), 민간 재원 이내 정부 출자
2. 중소벤처기업부 산하 한국벤처투자 모태펀드	연내 1,000억 원을 정부기금으로 마련. 소셜 벤처에 집중 투자
3. 금융위원회 산하 한국성장 금융투자운용 성장사다리펀드	민간은행과 주요 대기업이 출자 참여. 사회적 기업 투자 부문 100억 원, 임팩트 투자 부문 200억 원
4. 서울시 사회투자기금	약 600억 원 규모의 기금 마련해 사회적 기업에 사업 자금을 투자, 융자하고 있음
5. 국내 첫 사회적 기업 전문사모펀드(PEF)	SK행복나눔재단(40억 원), IBK투자증권(60억 원), KEB하나은행(10억 원)이 공동 출자한 '사회적 기업 전문 사모투자신탁 1호'

출처: 한국일보 (2018)

창업 지원 기관과 프로그램

청년 창업을 지원해주는 다양한 프로그램이 중앙정부와 지방자치단체의 예산과 대기업 사회공헌 사업 등의 후원으로 활발하게 이루어지고 있다. 청년들은 각종 청년 창업 캠프와 지원 제도를 통해 자신의 창업 역량을 실험해보고 지원 자금을 얻고 함께 일할 팀원도 구할 수 있다.

가장 가까이에는 대학에서 창업 교과목을 제공하고 있으며, 창업 동아리 지원, 창업 아이디어의 사업화 지원 등 다양한 교내 프로그램이 진행되고 있다. 교육부에서는 LINC＋사업이라고 하여 대학에서 다양한 산학협력 프로그램을 운영하고 학생들로 하여금 창업 역량을 쌓도록 예산을 지원하고 있다. 대학은 청년들이 가장 안전하게 자신의 창업역량을 쌓고 실제 창업에 도전해볼 수 있는 곳이며, 많은 대학들이 학생들의 역량 향상을 위해 노력하고 있는 만큼 청년들이 적극적으로 대학의 프로그램들을 활용할 수 있다.

또한 전국 각 지역에서 17개의 창조경제혁신센터가 다양한 창업지원 프로그램을 통해 지역 혁신 생태계를 구축하고 지역 내에서 청년 창업 교육과 사업화를 지원해 주고 있다. 2020년의 경우 청년 창업자나 창업 후 3년 미만 대상 기업에게 398억 1,200만 원의 예산이 책정되었다. 대학도, 창조경제혁신센터도 창업 지원을 위한 다양한 프로그램을 이제 마련하고 있는 중이어서, 결코 완벽하다고는 할 수 없으나, 창업을 하고자 하는 청년들에게 최대한 지원을 아끼지 않을 곳임은 틀림없다.

이 외 중소벤처기업부, 교육부, 특허청, 한국과학창의재단, 한국장학재단, 한국과학기술정보연구원, 한국기업가정신재단, 지역지식재산센터, 창업진흥원, 한국정보화진흥원, 정보통신산업진흥원, 중소기업진흥공단, 한국사회적기업진흥원, 한국콘텐츠진흥원 등이 창업지원 프로그램을 운영하고 있다. 여기서 제공하는 창업 인큐베이팅과 멘토링 프로그램을 이용하게 되면, 청년 창업자가 알아야 할 자금 마련 방법부터 인사, 세무 등 사업화 단계에서 고민하게 될 많은 문제를 해결하는 데 실질적인 도움을 준다. 또한, 멘토링을 통해 해당 분야에서 사회 경험과 실무를 다진 경력자로부터 창업 및 경영 전반에 대한 코칭과, 디자인, 회계, 법무, 수출입, 마케팅 등의 특정 직무 영역에 대해서도 섬세한 코칭을 받을 수 있다.19) 그 밖에 창업 공간 지원과 시제품 제작 지원, 사업화 자금 지원이 함께 이루어진다.

청년창업 지원 프로그램은 창업을 하겠다는 청년들이 없는 것이 문제지 프로그램과 자금 지원은 이미 충분한 상태이다. 오히려 이러한 기관들이 성과에 급급하여 프로그램의 품질을 제대로 갖추고 실제 청년 창업을 책임있게 지원하고 있는가가 이슈가 될 수도 있다. 그러나 이러한 이슈는 작은 부작용에 불과하며, 청년들 가까이에 창업을 지원해 줄 프로그램과 자금이 있다는 현실을 인식하고 적극적으로 활용할 필요가 있다. 그리고 이들은 청년들이 도전하는 과정에서 안전하게 실패하고 다시 일어설 수 있도록 도와주는 창업의 토양이므로 적극적으로 활용하도록 하자.

사회혁신 생태계의 창업 경진대회와 지원제도20)

사회혁신 생태계에서도 사회적 기업가로 성장하고자 하는 유능한 인재들을 발굴하고 지원하고 있는데, 이들은 각종 지원 사업이나 정부나 민간이 주최하는 경진대회 등을 통해 첫걸음을 떼는 경우가 많다.

소셜 벤처 경연대회는 2009년부터 민간 중심으로 치러졌었는데, 2014년 들어 한국 사회적기업진흥원이 지원하게 되면서, 정부가 혁신적인 사회적 기업가 발굴의 장으로 적극적으로 활용하고,

---

19) K-스타트업 https://www.k-startup.go.kr,
    중소벤처기업부 http://www.mss.go.kr, 창업진흥원 http://www.kised.or.kr,
    중소기업진흥공단 http://hp.sbc.or.kr, 기업마당 http://www.bizinfo.go.kr
20) 강민정 (2018), "사회혁신 생태계의 현황과 발전 방안", 한국경영교육학회, [경
    영교육연구], 97-123, 33-1호.

사회적기업의 협소함을 벗어나 사회문제 해결을 위한 혁신성을 포괄해나가는 모습을 보여주고 있다(<표 2> 참조).

⟨표 2⟩ 소셜 벤처 경연대회 참가 추이

연도	2012	2013	2014	2015	2016	2017	2018	2019
참가팀 수	615	1,119	1,294	1,000	940	901	922	903

　　SK행복나눔재단의 '세상 컨테스트'(2014년 사업 종료), '세상 임팩트 투자 공모전'(2016년 사업 종료), 동그라미재단의 'Local Challenge Project'(2019년 사업종료) 등은 국내 사회적 기업가를 발굴하고 지원하는 데 커다란 역할을 해온 프로그램들이며, 현대자동차가 주최하는 'H－온드림 오디션'이 민간중심 경진대회로서 현재까지 활약 중이다.

　　한편, 서울시는 2018년까지 130억 원을 투자하여 공공문제 해결에 청년들이 참여하도록 하는 청년 프로젝트 공모전을 열었다. 저성장에 접어든 한국 사회에서 다양한 사회문제를 청년들이 해결하도록 하는 것인데, 혁신사업 확장형, 자원활용형, 집단 프로젝트형, 서비스 프로젝트형 등 다양한 공공 문제를 대상으로 한다. 선정된 20개 팀에게 최대 10억 원이 지급되며, 프로젝트 수행인력 중 50% 이상을 19~39세 사이 청년으로 고용하고 사업이 끝날 때까지 고용 상태를 유지해야 한다. 이는 사회 혁신 분야에서 공공과 민간 공동 운영 사업으로는 최대 규모인데, 민간에 새로운 공공영역 창출 기회를 제공하고, 동시에 청년교육을 촉진하는 효과가 있다.

　　최근 들어 활발하게 진행되고 있는, 서울사회혁신센터, 춘천과 전주의 사회혁신센터 등이 주관하는 리빙랩(Living Lab) 프로젝트는,

창업의 부담 없이 사회문제 해결을 위한 다양한 시도들을 해볼 수 있는 프로그램들이다. 이들은 청년들이 사회혁신가로서의 성장의 채널로 활용하기 좋은 프로그램들로서 적극적으로 활용해보도록 하자.

새로운 시대의 대안 찾기

1) 신종 인류의 출현

새로운 일에 적합한 새로운 종의 출현

청년을 이해하려다 보면, 청년들이 결코 아무데나 취업하려고 하지 않음을 알 수 있다. 어찌어찌 밀려서 취업에 성공한다고 하더라도 하향취업인 경우, 혹은 기존의 일자리와 조직문화에 실망하고 퇴사를 감행하는 경우가 나타난다. 새로운 세대는 '새로운 일을 원하는 세대'로 정의해야 하지 않을까. 이 새로운 일이야말로 청년 스스로 만들어나가고, 우리 사회가 새로운 세대의 일로서 주목하고 인정해주어야 한다.

자신의 취미를 바탕으로 일하기

폴란드 출신의 사회학자 지그문트 바우만(Zygmunt Bauman)은 소비 사회에서 가장 가치있는 노동으로 여겨지는 것이, 감각적 쾌락을 통해 미적인 또는 재미있는 경험을 만들어내는 일이라고 말한다.[1]

소비사회가 더 나은 의식주를 추구하는 것을 넘어 문화 상품, 취향을 바탕으로 한 소비 등을 추구하게 되면서 노동의 영역도 변화를 맞고 있는 것이다. 노동에도 미적인 가치가 중요해졌고, 그 가치는 즐거운 경험을 만들어내는 능력에 따라 평가되며, 그러한 능력이 없는 노동은 가치가 없는 노동으로 치부된다. 이런 상황에서

---

[1] Bauman, Z. (2012), *On Education: Conversations with Riccardo Mazzeo*, Polity Press [나현영 역, 『지그문트 바우만, 소비사회와 교육을 말하다』, 서울: 현암사, 2016].

는 '열심히 일한 당신 떠나라'가 아니라 오히려 직업과 취미, 일과 놀이, 노동과 여가를 구분하는 경계선이 없어진다. 스스로 워커홀릭이 되어 일 그 자체에서 만족을 얻으며, 직업, 여가와 취미, 일과 놀이, 노동의 경계를 허문 이들은 선망의 대상이 된다.

한편 이렇듯 취미를 일로 가져가는 것이 가능해진 배경에는 한국 사회의 세대 변화가 있다. 경제성장과 민주화를 겪은 부모 세대들은 자식들에게 더 나은 삶을 제공하고 싶어했다. 진로의 결정도 자녀에게 맡기고 싶어했다. 덕분에 비교적 자유로운 10대를 보내고 세상에 등장한 젊은이들에게서 일과 취미의 경계는 희미했다. 우리 사회에 하고 싶은 일을 하는, 모험적이고 진취적인 청년들이 생겨난 것이다.

이런 사회에서 기계화와 대량생산체제 이전 장인들이 그랬던 것처럼 자신이 가진 '기술'은 그 자체가 자신의 정체성이 된다. 취미가 기술로 이어져 일이 결합된 형태는 청년 창업의 출발점으로 삼기에 좋다.

2) 새로운 기준 - 삶의 중심 철학의 변화
경쟁과 각자도생을 호혜와 협력으로 - 시민 정신의 회복

제조업의 건재함을 전제로 만들어진 전통적 복지국가 모델이 위기에 처하고 좋은 일자리가 보장되기 어려워지면서 우리는 새로운 기준과 새로운 복지형태를 만들어야 하는 상황이 되었다.

"다른 이까지도 행복하게 하지 않고서는 스스로 행복해질 수 없다는 게 세상의 법칙이다."2) 경쟁과 성공을 지향하면서 과연 인

2) Zamagni, S. and Bruni, L. (2004), *Economia Civile*, Bologna: Societa editrice

간은 행복한가? 자본주의 사회가 본래 그런 것이니 그냥 받아들여
야 하나? 경쟁과 성공의 이데올로기가 가져온 부작용에 대한 통렬
한 반성과 인간의 진정한 삶의 가치에 대한 성찰이 이루어지면서,
이 시대가 지향하는 철학이 변화를 맞고 있다. 경쟁과 성공 대신에
협력과 호혜의 가치로 인간성과 공동체성을 회복하자는 것이다.

토마 피케티(Thomas Piketty)와 같이 주류 경제학 내부에서도
불평등의 심화에 대한 비판이 일고 있다.3) 불평등이 결코 인간의
지속가능한 삶에 도움이 되지 않는다는 반성이 나오는 상황에서,
인간은 기본적으로 '이기적'이라는 이데올로기에 대한 성찰이 일어
나고 있다. 과연 인간은 본래 이기적인가?

시장경제가 경쟁에 기반을 두고 있다면, 자본주의는 오히려 독
점에 기반을 두고 있다. 주류경제학은 인간을 본성적으로 이기적이
고 합리적인 경제인으로 이해하고 있다. 여기서 이기적 선택이란
자신의 효용, 즉, 주관적 만족을 높이는 행위이며, 예를 들어 어떤
희생적 행위에 대하여도 자신을 위해 희생하는 선택을 통해 만족감
이 높아졌다면, 그것도 효용을 높인다는 점에서 이기적 행동의 범
주에 들어가게 된다. 독일의 사회학자 막스 베버(Max Weber)는
<경제와 사회>에서 가격은 시장 참여자들간의 권력투쟁의 결과
라고 정의한 바 있다.4)

"경제적으로 덜 성장하더라도 모두 함께 성장하는 것이, 훌륭

il Mulino [제현주 역, 『21세기 시민경제학의 탄생』, 서울: 북돋움, 2015]. p.135.

3) Piketty, T. (2013), *Capital in the Twenty-First Century*, Edition du Seuil [장
경덕 외 역, 『21세기 자본』, 서울: 글항아리, 2014].

4) Weber, M. (1922), *Wirtschaft und Gesellschaft*, MohrSiebeck [박성환 역, 『경
제와 사회』, 서울: 문학과 지성사, 1997].

한 법률과 시민 덕성, 공공신뢰가 늘어난 경제적 유익의 영향을 지탱할 수 있는 방향으로 성장하는 것이 낫다."5) 오늘날의 시대에 낯설고 새로운 기준 같지만 결코 새로운 것이 아니다. 우리가 잊고 살았을 뿐이다.

경쟁과 각자도생은 오랜 세월 시장경제의 덕성으로 여겨져 왔다. 본래의 시장경제는 모두가 행복해지는 한에서 개인의 창의성이 최대한 발휘되도록 하는 것이었는데, 그 자리를 비집고 들어온 것이 남이 어떻게 되든 내가 가장 잘되는 것이 되어 버렸다. 시장 경제가 시민사회의 확장과 함께 가고 있다면, 각자도생과 경쟁의 잔인함은 극단적으로 나타나는 부작용일 뿐인데, 어느덧 우리는 이러한 잔인함을, 어쩔 수 없이 받아들여야 하는 시장 경제의 덕성으로 방관하고, 심지어 오늘날에 들어서는 인간은 그렇게 살아야 한다고 장려까지 하고 있다.

지금의 청년들은 어릴 때부터 남을 밟고서라도 경쟁에서 이기라고만 했지, 함께 가는 것이 진정한 행복이며, 궁극적으로 시민사회를 풍요롭게 하고 시장경제를 풍성하게 할 것이라는 메시지를 들은 적이 없다. 그래서 그 곳에서 성장한 우리는 행복한가? 그래서, 그 속에서 최고의 교육을 받고 성장한 청년들은 지금 어떤 상황에 있는가?

경쟁과 성공의 이데올로기를 협동과 호혜로 바꾸는 것은 도덕적 지향이기 이전에, 인간의 행복이 과연 어디에서 오는가에 대한 성찰에서 출발한다. 우리가 현재 살고 있는 세상에서 사람들이 행

---

5) Zamagni, S. and Bruni, L. (2004), *Economia Civile*, Bologna: Societa editrice il Mulino [제현주 역, 『21세기 시민경제학의 탄생』, 서울: 북돋움, 2015], p.141.

복하지 못한 것은, 경쟁과 각자도생이 자연스러운 삶의 형태로 자리잡고 있기 때문은 아닐까. 지금의 40~50대가 대학문화에서 해방감을 느꼈다면, 그것은 공동체의 경험 속에 있었다. 적어도 80년대의 대학은 공동체의 정서가 있었으며, 그 공동체 속에서 가진 연대와 공유, 소통을 통한 해방감이 평생을 지탱해주는 자부심이 될 수 있었다. '시민'이 어떻게 살아가야 하는지 자연스럽게 터득한 생애의 경험이 되어 주었다.

오늘의 청년들에게 과연 이러한 행복의 경험이 있는가. 혼자 잘 해서 성취하고 얻은 기쁨 말고, 여럿이 함께 이룬, 공동체 속에서 성취해나가는 가운데, 타인의 행복을 진심으로 빌어주는 그런 경험을 한 적이 있을까?

청년들은 현재 주어진 각자도생의 시대에 적응할 것이 아니라, 그것을 거부해야 한다. 새로운 시대의 가치를 스스로 터득하고 그것을 전면에 내세워 진정한 행복을 찾아야 한다. 이러한 행복이 과연 존재하는가? 다행스럽게도 인간을 중심으로 한 시민 경제는 원래 이런 곳이었으며, 테일러리즘(Taylorism)6)과 포디즘(Fordism)으로 공고해진 대량생산체제를 거치면서 공동체 지향의 인간의 삶이 왜곡되어온 것이지 원래 그러했던 것이 아니다. 각자도생의 삶이 아닌 공동체 중심의 시민 경제를 회복하는 일은 인간성을 회복하는 일이다.

---

6) 19세기 경영학자인 테일러(F.W. Taylor)가 창시한 과학적 관리 기법이다. 노동자의 움직임, 동선, 작업 범위 등 노동 표준화를 통하여 생산 효율성을 높이는 체계로서, 노동의 관리 방법은 작업 과정에 대한 세밀한 연구를 통하여 각각의 작업들을 정확하게 시간이 부여되고 조직화된 단순 조작들로 세분화하는 것이다. 테일러리즘으로 인해 자본의 노동과정에 대한 통제가 가능해졌고, 이후 포디즘과 결합하면서 대량생산체제를 가능하게 하였다.

분배를 넘어 인정으로 - 품위있는 사회

청년 세대가 민감하게 받아들이는 '공정성'은 우리 사회가 얼마나 민주주의 관점에서 후퇴했는지를 보여준다. 공정한 사회 구현을 목표로 하는 것만으로는 충분치 않다. 우리가 지향해야 할 것은 '품위 있는 사회'이다.[7] 시민들이 지닌 적극적 의미의 자유를 부인하고 사회구성원을 모욕하지 않는 사회다.

가장 파괴적인 모욕이자 사회적 배제의 형태는 경제적 소외다. 불필요하고 무의미한 존재라는 느낌은 착취당하는 느낌보다 더 나쁘다. 착취당한다고 인식하면 상황을 바꿀 수 있다. 그러나 불필요한 존재라는 느낌은 체념과 심각한 상실을 가져온다.

청년실업이 사회적 위기를 가져오는 또 다른 이유는 분배의 정의가 중요했던 사회에서, 배제되지 않고 인정받고 싶은 욕구 즉, 인정담론이 더 중요한 사회로 세상은 변화하고 있는데, 청년 실업을 둘러싼 정책은 분배 관점에서만 이루어지고 있기 때문이다.

포디즘 시대의 사회갈등은 '많은가 적은가'로부터 비롯되었다. 일정 수준의 수입과 재산 이상을 가진 사람과 이하를 가진 사람 사이의 갈등이었던 것이다. 그러나 지금 우리 사회가 맞이하는 갈등은 주로 '안쪽'과 '바깥쪽' 사이 즉, 포함된 이들과 배제된 이들 사이의 갈등이다. 분배를 중심으로 했던 기존의 사회 정의 담론은 이제 점차 한편으로는 분배 요구들과, 다른 한편으로는 인정 요구들로 갈라지고 있다. 오늘날 정의는 분배와 인정을 모두 요구하고 있다.

---

7) Fraser, N. and Honneth, A. (2003), *Umverteilung oder Anerkennung? : Eine politisch-philosophische Kontroverse*, Suhrkamp Verlag [김원식 외 역, 『분배냐 인정이냐?』, 고양: 사월의 책, 2014].

이 양자를 어떻게 결합할 것인가가 중요한 과제가 되는 것이다. 또한 점차 인정 요구들이 지배적인 지위를 차지하는 경향이 나타나고 있다.

'인정'이라는 용어는 독일의 철학자 헤겔(Georg Hegel) 철학 특히 정신현상학8)에서 유래한 것이다. 인정은 주체들 사이의 이상적 상호관계를 의미하며, 이런 관계 속에서 각자는 타자를 자신과 동등하면서도 분리되어 있는 존재로 바라본다. 우리는 타인을 인정하고 타인에 의해 인정받음으로써만 개별적 주체가 된다. 따라서 인정은 종종 자유주의적 개인주의와는 상충되는 것처럼 보이는 헤겔 철학의 주장, 즉, 사회적 관계들이 개인들에 대해 우선성을 가지며, 상호주관성이 주관성에 대해 우선성을 가진다는 주장을 함축한다.

분배와 달리 인정은 절차적 정의를 넘어선, 자기 실현과 좋은 삶이라는 실체적 목표에 대한 것이다. 여기서 시민복지는 배제된 사람들을 향해야 한다. 노동과정에서, 교육에서, 공동체의 참여 등에서 배제된 사람들, 우리의 관심을 생존의 권리에만 국한하는 것은 인간의 존엄성에 대한 권리에 부합하지 않는다. 시민복지가 추구하는 바는 사회 안에서 살아갈 권리이기 때문이다.

GDP보다 삶의 질 - 시민 경제의 회복

미국의 경제학자 리처드 이스털린(Richard Esterline)은 30여 개국의 행복도와 소득을 조사 분석해서, 기본 수요가 충족된 이후에는 소득이 높아진다고 해도 반드시 행복도가 높아지는 것은 아니라

---

8) Hegel, F. (1971), *Philosophy of Mind*, Oxford University Press [김양순 역, 『헤겔의 정신현상학』, 서울: 동서문화사, 2016].

는 연구 결과를 발표하였다. 즉, 소득이 일정한 수준 이상에 이른 이후 행복도를 높이려면 소득을 늘리기 위한 노력이 아니라 다른 노력이 필요하다는 것이다. 이를 이스털린의 역설(Esterlin's paradox)이라고 부른다.[9] 한편, 2010년 노벨경제학상 수상자 앵거스 디턴(Angus Deaton)은 미국인 45만 명을 설문조사해 연봉 7만 5천 달러까지는 소득 증가만큼 행복도도 증가하지만 그 이상은 연봉이 높아진다고 더 행복해지지는 않는다는 논문을 발표한 바 있다.

스티글리츠(Joseph Stiglitz) 미국 컬럼비아대 교수는 GDP가 상승하는데도 사람들은 행복해지지 않는다고 느끼는 이유는 무엇인가에 대한 질문을 던지며, 인간의 삶의 질과 행복도를 측정할 새로운 지표를 어떻게 만들지에 대한 고민을 던졌다.[10] 스티글리츠 교수는 GDP가 시장에서 거래되지 않는 경제적 가치를 계산하지 않는다는 점에 주목하고, 가사노동, 자원봉사, 품앗이 같은 호혜적 활동을 포괄하고 돈으로 환산되지 않는 삶의 질도 포괄해야 한다고 주장한다. 분배가 얼마나 되어 있는지, 특히 하위층의 삶의 질이 얼마나 개선되었는지에 대해 경제성장 지표의 초점을 맞춰야 한다는 것이다.

'새로운 GDP'는 첫째, 시장에서 거래되지 않는 가치를 측정해서 지표를 만들어야 하며, 둘째, 총량이 커졌는지만 따질 것이 아니라 그 과실이 골고루 분배되었는지까지 측정하는 지표를 만들어야 한다.

---

9) 조형근 외 (2015), 『섬을 탈출하는 방법』, 서울: 반비.
10) Stiglitz, J. (2010), *Measuring Our Lives*, The New Press [박형준 역, 『GDP는 틀렸다』, 서울: 동녘, 2011].

대안적 경제체제의 모색으로 자율성과 행복이 있는 일의 창출
- 소외된 노동, 파괴된 관계의 회복

인간에게 일하는 시간은 인생의 절반에 가깝다. 그 긴 시간 동안 불행하다면 과연 나머지 시간에는 행복할 수 있을까? 보람이란, 자신의 행동이나 성취가 타인과 공동체의 행복, 복리의 증진에 기여한다고 느낄 때 얻는 감정이며, 19세기 영국의 정치경제학자 아담 스미스(Adam Smith)는 이기심과 연민, 공감에 대한 논의를 통해, 타인의 불행에 함께 아파하는 것이 인간의 본성적 도덕감정이고 그게 없는 사회는 파멸에 이를 것이라고 하였다.

자본주의는 이러한 시민경제학을 중심으로 발전되어 오던 것이, 시민경제가 위축되면서 목적(ends)과 성과(outcome)가 같은 것이라는 보편적 믿음이 퍼졌으며, 그 결과 효율성(efficiency)에 대한 판단과 효과성(effectiveness)에 대한 판단이 내용상 같은 것이 되어 버리고 말았다.[11] 효과성은 행위와 의도한 목적 사이의 관계에 관한 것이라면, 효율성은 행위와 성과 사이의 관계가 지닌 속성이라고 할 수 있다. 사람들에게는 성과에 대한 선호뿐 아니라, 행위를 일으킨 목적에 대한 선호 또한 있다는 사실은 흔히 간과된다. 실제로 소비자는 행위에 깔린 목적도 알고 싶어 하는데, 예를 들어 소비자는 재화가 누구에게서 왔는지, 어떻게 생산되었는지 또한 알고 싶어 한다.

오늘날 시민경제에 대한 관심이 다시 살아나고 있는 것은, 현

---

[11] Zamagni, S. and Bruni, L. (2004), *Economia Civile*, Bologna: Societa editrice il Mulino [제현주 역, 『21세기 시민경제학의 탄생』, 서울: 북돋움, 2015], p.208.

대 경제 이론 대부분이 지닌 환원주의적 성격을 극복해야 한다는 사실을 깨닫게 되면서, 환경오염, 사회불평등의 증가, 부가 늘었음에도 늘어나는 불안감, 대인관계에서의 의미 상실, 정체성 충돌과 같은 것들을 경제학의 영역에서 이해하고자 하는 노력이 필요하다는 인식이 늘어가고 있기 때문이다.

02 청년 스스로 찾는 삶과 일의 대안

1) 청년 스스로 대안을 찾아야 한다

변화를 일으킬 주체는 청년들 자신이다. 안타깝게도 대부분의 기성세대는 이 문제에 대한 인식도 없고, 그들만의 문제로도 바쁘다. 청년은 청년대로 노년은 노년대로, 세상의 변화가 초래한 경제적 어려움은 빈곤으로, 배제의 이데올로기는 소외감으로 전 사회를 휩쓸고 있는 동안, 각자 몰아닥친 빈곤과 소외감들에 대처하느라 여념이 없다. 이렇게 각자 바쁠 뿐인데, 청년의 문제를 '세대 갈등'의 프레임에서 보려고 하는 건 잘못된 인식이다.

청년은 취약하다. 그나마 노년으로 진입하는 세대는 빈곤층이 아니라면 이미 어느 정도의 자본 축적이 일어난 세대를 살아오면서 어느 정도의 돈이 있거나, 없더라도 정치적 목소리를 낼 수 있을 정도의 네트워크를 가지고 있다. 반면, 청년은 질 낮은 일자리를 떠돌며 자신의 삶의 안위를 챙기기 바쁘고, 아직 일자리에 진입조차 못한 사람이 대다수다. 이러한 상황에서 조직된 형태로 정치적 목소리를 내기가 힘들고, 미래를 담보로 매일매일의 삶을 임시적으로 살아간다. 미래는 조금은 나아지겠지라는 막연한 기대 속에서 이미 중산층의 신화가 깨어져가고 있는 사회에서 미래의 중산층 신화를 내면화한 청년들은, 거기서 차츰 멀어지고 도태되어 가고 있는 자신의 모습 속에서 자괴감을 쌓아간다. 개인적으로 루저 문화에서 짧은 해방감을 느끼고, 그 오랜 '노오력' 끝에 꿈을 이루는 것이 거의 불가능해 보이는 사회에 대한 원망과 절망만 쌓여갈 뿐이다. 그리고 이를 바꿔낼 수 있는 조직적, 정치적 역량에 대해서는 생각해보거나 경험한 적이 없다.

청년들은 언론이 만들어 낸 세대 갈등의 프레임에 젖어 현실을 비관하기보다, 이 시대의 변화의 흐름을 타고, 어떻게 청년들 스스로 삶과 일의 대안을 찾아갈 것인지에 대하여 아이디어를 모으고 실천에 나서야 한다.

2) 더 이상 취직에 매달리지 마라

청년들은 결단해야 한다. 언제까지 취업준비에 매달릴 것인가. 그 오랜 노력 끝에 취업을 한다고 해서 그것이 정말 원하는 삶을 가져다 줄 것인가? 대기업에 들어간 청년 100명 중 20명 정도만 10년 후까지 남아있고, 정년까지 가는 경우는 5명 정도에 지나지 않는다.[12] 그 오랜 어려움 끝에 대기업에 취직한 청년들이 왜 퇴사를 꿈꾸나? 그들도 결코 행복하지 않기 때문이다.

이미 대부분의 고용 형태가 임시직으로 넘어가 안정적이지 않을 뿐더러, 계약제가 일반화되어 있고, 이렇게 취약한 노동자들의

---

12) 김유선 (2019), "우리 노동시장이 경직됐다는 새빨간 거짓말" (오마이뉴스 시리즈, 2019.5.15.)

상태로 인하여 대부분의 노동자들은 장시간 노동에 시달리고 있다. 관료적, 권위주의적 조직문화가 변화하기는커녕 더욱 강화되고 그 속에서 노동자들에 대한 억압은 더 심해지고 있다.

노동가치에 대한 결정권이 청년들에게 있지 않고 기업에 주어져 있는 현실에서, 취업에 매달리는 것은 어떻게든 기업의 질서에 편입되어 그들이 안겨주는 경제적 보상과 안락한 혜택을 누리고자 하는 것에 다름 아니다. 문제는, 시간이 갈수록 한국의 기업들은 이러한 안락함을 안겨줄 능력이 더 이상 없다는 점이다. 한계에 다다른 기업의 질서에 편입되지 못한 것에 대해 실망하고 자괴감을 갖고, 스스로 루저가 될 것이 아니라, 대안적 일과 삶을 지향할 때가 되었다. 대기업과 독점자본에게 나의 노동가치를 맡기는 것이 아닌 스스로 노동가치를 인정하는 방식의 삶을 만들어보자는 뜻이다.

3) 더 이상 바람직한 조직인을 배출하는 교육에 기대지 마라
- 청년실업의 장기화 속에서 교육제도가 갖는 도전

청년들이 취직에 매달리고 독점자본에게 자신의 노동가치를 매겨달라고 줄을 서는 것은, 그들이 받아온 교육 현실을 보게 되면 어쩌면 당연한 것이다. 규율과 권위에 복종하는 모범생을 만들어온 교육 현실은 아주 오랫동안 교육 현장을 지배해왔고, 모범적인 시민이자, 모범적인 직장인들은 이러한 교육을 통해 사회에 나올 수 있었다.

그러나, 이제 기업이 더 이상 이들에게 일자리를 줄 수가 없는데, 교육을 통해 사회에 나온 모범생들의 삶이 불행해지는 것에 대해 어떻게 할 것인가? 대다수를 루저로 만드는 현재의 교육 시스템에서 여전히 인정받기 위해 온갖 사교육을 받으며 시대의 끝자락을 잡기 위해 발버둥칠 것인가?

　문제는 현재 우리가 겪고 있는 청년 실업 위기는, 복잡하고 급속하게 변화하는 글로벌 노동시장 환경 속에서 벌어지고 있다는 점이다. 20~30년 후 노동시장의 정확한 모습을 알 수는 없지만, 교육은 불확실한 미래에 대응하여 청년들이 필요한 역량을 쌓고 경험을 습득할 수 있도록 도와야 한다. 그런 의미에서 오늘날의 교육제도는 중요한 도전에 직면해 있다. 대학 졸업자가 늘어나면서 학력인플레 현상이 일어나고 있으며 다른 한편으로는, 제도권 교육이 이론적이고 추상적인 방식으로 이루어져 학생들은 고용시장에서 필요한 것과 동떨어진 기술을 쌓게 된다. 나아가 '21세기형 기술'에 해당하는 협력과 소통, 비판적 사고 능력, 창의성, 기업가정신에 대해서 교육이 이루어지지 않는 경우가 많다. OECD는 7년에 이르는 장기 연구 프로젝트인 데세코(DeSeCo: Definition of Selection of Competencies)를 통해 삶을 살아가는 데 필요한 핵심역량을 세 가지로 제시하고 있다. 이것은 문자, 언어, 기호, 상징, 정보, 기술과 같이 인간이 만든 지적인 도구들과의 관계에 대한 것, 인간과 인간간의 관계에 대한 것, 인간 자신의 내면적인 관계에 관한 것으로 구분된다.[13]

　기존의 학교 교육은 직업을 찾고, 누군가에게 고용되어 일하는 방향으로 설정되어 있다. 그것은 새로운 일자리를 만들어 사람들을 고용하는 시스템에 적합한 것이다. 노동 분업을 중심에 두고, 교육

---

13) OECD (2005), The Definition and Selection of Key Competencies Executive
　　Summary. (http://www.oecd.org/education/skills−beyond−school/definitiona
　　ndselectionofcompetenciesdeseco.htm)

시스템을 통해 이에 부합하는 자격을 주고, 직장에서 일자리를 주는 시스템이다. 그러나 오늘날 이런 노동 분업은 잘 작동하지 않는다. 오늘날 교육시스템이 갖춰야 할 것은, 학생들이 스스로 자신의 일자리, 즉, 창업을 통해 새로운 일자리를 창조할 수 있도록 해야 하는 일이다.

한국의 교육이 청년들로 하여금 미래를 대비하도록 해주고 있는가? 미국의 미래학자 앨빈 토플러(Alvin Toffler)는 2008년 내한 당시 이미 한국의 학교교육을 부서진 고물자동차에 비유했다. 창의적 인재를 필요로 하는 현대사회에서 학교가 여전히 근대적인 인간을 키우고 있다는 점에서 교육이 새로운 시대에 맞는 역할을 해내고 있지 못함에 대한 지적이다. 가장 중요한 것은 공교육이 이러한 사회 변화에 대비한 교육을 시스템 속에 갖추어야 하지만, 그렇게 하기까지 굉장한 시간이 걸릴 것이다. 지금 청년들이 할 수 있는 일은 안타깝게도 '자각'이다. 현재의 교육이 내가 만들어 낼 일과 삶의 대안을 찾도록 도와주지 않는 교육이었다는 자각 속에서 스스로 시작해야 한다.

4) 대안적 일과 삶의 패러다임을 구축하라

대안적 삶의 원칙

대안적 삶은 먼저 개인이 가지고 있는 삶의 가치와 일이 결합된 것이다. 일은 돈 받으면서 하는 것이니 재미와 의미는 따로 찾고 일은 그것과 별개라는 말은 오늘날 청년들이 수도 없이 들어온 이야기일 것이다. 그것은 소외된 노동을 당연시해온 대량생산 체제가 나은 이전 세대의 냉소이다. 이제 새로운 삶의 원칙을 잡아가는 데 있어서 삶의 가치와 일의 결합은 놓쳐서는 안 될 원칙이다.

다음은 소비지향의 삶을 과감하게 가치지향의 삶으로 바꿔내야 한다. 로버트 스키델스키(Robert Skidelski) 교수의 <얼마나 있어야 충분한가?>[14]와 독일의 철학자 에리히 프롬(Erich Fromm)의 <소유냐 존재냐?>[15]의 근본적인 질문은 다르지 않다. 인간의 소비에 대한 지향은 끝이 없다. 그리고 그러한 소비를 부추기는 자본의 마케팅 능력은 끝없이 샘솟는다. 더 나은 소비를 위한 욕망이 아무리 유혹한다 하더라도, 내가 가치 지향의 삶을 살고 있다면 그런 유혹이 보이지도 않는다. 소박한 옷을 입고, 향기로운 차를 마시며, 좋은 공기에서 산책을 하고, 이웃들과 나누면서 살아가는 사람이, 명품으로 휘두른 사람들보다 훨씬 삶에 대한 만족감이 높다면 그것은 왜일까? 아무리 소비를 해도 채워지지 않는 인간의 욕망에 더 이상 가치를 두고 살고 있지 않기 때문이다. 그러한 소비를 하는 사람들에게 부러움이 없기 때문이다. 나를 행복하게 하고 충만하게 하는 것, 그것은 존재에 대한 충만이다. 어떤 이는 이를 종교로 이야기하기도 하지만 본질적으로 존재에 대한 충만을 추구하는 사람에게 소비가 들어올 여지는 없다.

청년 스스로 만드는 대안적 일과 삶의 패러다임

청년들 스스로 대안적 일과 삶의 패러다임을 구축해나가야 한다. 대안적 일과 삶이란 스스로의 노동가치를 존중하는 방향으로

---

14) Skidelsky. R. & Skidelsky E. (2012), *How Much is Enough?: The Economics of The Good Life*, Peters Fraser & Dunlop [김병화 역, 『얼마나 있어야 충분한가』, 서울: 부키, 2013].

15) Fromm, E. (1978), *To Have or To Be?*, New York: Harper & Row Publishers [최혁순 역, 『소유냐 존재냐?』, 범우사, 1988].

노동의 형태를 바꾸고, 경쟁과 성공의 패러다임을 협력과 공생, 나눔으로 바꾸어 내는 것이다.

더 이상 이룰 수 없는 꿈에서 대다수가 좌절하지 말고, 자존감을 키우고, 어른으로서 독립하고, 충만한 삶을 살도록 하는 것이다. 이것이 가능하려면 청년들은 정치적으로 각성해야 한다. 작고 확실한 행복이라는 '소확행'과 같은 용어를 보자. 소확행은 마치 소박한 삶을 지향하는 삶의 태도를 찬양하는 듯 하지만, 그 뒤에는 미래가 아닌 지금의 만족을 위해 가장 확실하게 소비를 하라는 마케팅적인 의미가 숨어있다. 일상의 행복을 소중히 하자는 소시민적 삶에 대한 찬양은 어떠한가. 청년들의 정치적 각성과 실천의 진정성을 가로막고 있다. 청년들은 스스로 건강한 삶의 대안을 찾아야 한다. 이를 위해 청년들의 목소리가 조직과 운동을 통해 드러날 수 있어야 하며, 다른 한편으로 각자의 자리에서 다양한 형태의 일과 삶의 방법에 대한 모색이 필요하다.

청년들의 일과 삶의 대안 찾기는 이미 다양한 방법으로 시도되고 있다. 그 중의 하나가 사회혁신 혹은 지역 혁신 비즈니스이다. 마을 공동체를 이루고, 청년을 필요로 하는 지역에 머물며 직업적 대안을 찾아가는 다양한 사례를 살펴보기로 하자.

5) 대안적 일과 삶에 대한 모색

새로운 삶의 형태 - 2마을 공동체[16]

우리가 살아가는 매일매일의 삶은 노동으로부터 소외되고 배

---

16) 마을 공동체와 관련한 논의는 <조현 (2018), 『우리는 다르게 살기로 했다』, 서울: 휴.>를 참조하였다.

제된 사회에서 외로움과 허전함을 소비로 메우게 한다. 우리가 일하고 먹고 쓰는 방식들은 하나하나 빅데이터로 만들어져 독점자본의 마케팅을 위한 자료화된다. 그리고 이를 바탕으로 만들어진 광고와 마케팅이 다시 나를 조종한다. 내가 자유롭게 선택하고 소비하고 즐기고 있다고 생각하지만 사실은 착각이다. 미디어의 해악은 그렇게 살지 않으면 안 된다는 프레임을 정해준다.

마을과 공동체는 이러한 삶을 거부한다. 부익부 빈익빈과 끊임없는 소비를 유혹하는 시스템, 환경을 파괴하는 삶의 방식에 맞서는 대안을 찾아 어떤 이들은 함께 살아가는 방식을 택했다. 마을공동체는 개인뿐만 아니라 세상을 행복하게 한다. 공동체는 사람들 스스로 자립해서 살아가는 가족의 확대판이다. 공동체는 가족주의와는 다르다. 가족끼리 똘똘 뭉치고 가족들의 이해관계를 위해 다른 이들을 배제하고, 그 과정에서 애증을 쌓아가는 가족의 틀을 거부한다. 마을공동체는 주거, 비혼, 출산, 육아, 교육 등 우리 사회의 가장 골치 아픈 문제를 공동의 힘으로 해결하는 삶의 형태이다.

공동체가 삶의 대안일 수 있는 이유

영국은 최근에 '외로움' 담당장관을 임명했다. 체육 시민사회장관으로 겸직을 하도록 했지만 '외로움'을, 해결해야 할 중요한 사회문제로 보고 있는 것은 주목할 만하다. '조 콕스 고독위원회'(The Jo Cox Loneliness Commission)가 2017년 12월 발표한 보고서에 따르면 외로움은 하루에 담배 15개피를 피우는 것만큼 건강에 해롭다. '고독이 개인적 불행에서 사회적 전염병으로 확산됐다'면서 고독을 질병으로 규정하는 움직임도 있다. 하버드 대학이 1938년부터 79년간 724명의 삶을 추적 연구해 인간의 육체적·정신적 건강과 행복이 인간관계의 친밀함에 달려 있음을 밝혀냈다. 이 연구에 따르면 삶을 가장 윤택하게 만드는 것은 좋은 인간관계이고, 사람을 죽음에 내모는 것은 외로움이라는 결론을 내렸다. 영국 BBC 방송의 다큐멘터리 '행복'에서 사람들은 주변사람들과 좋은 관계를 맺고 공동체를 형성해서 살아가라고 조언한다.[17]

🎙️ 사례 1
홍성 홍동의 협동조합, 풀무농업기술학교, 젊은 협업농장[18]

충남 홍성 홍동면 갓골에는 그물코출판사, 느티나무헌책방, 사진관 등 협동조합만 30여 개가 있다. 밝맑도서관에서는 1년 사시사철 좋은 강좌와 공연이 올려지는데, 지역센터인 '마을 활력소'가 도서관과 같은 해 문을 열었다. 수십 개의 협동조합에 대한 사무실과 사무원들이 늘어나고, 이와 같은 대안적 마을살이를 보기 위해 날로 늘어가는 지역 방문자들을 위해 전문적인 안내 시스템이 있고, 귀농·귀촌자들을 위한 '마실이 학교'도 운영한다.

출처: 홍동밝맑도서관 공식 블로그

풀무농업고등기술학교는 더불어 사는 평민을 길러내는 곳임을 표방한다. 실제 풀무학교 출신들이 홍성군 내 시골에 자리 잡아 마을 이장을 하고 유기 농업을 하면서 지역에 활력을 불어넣고 있다. 풀무학교는 친환경농사법을 전문적으로 배우는

---

17) Hoggard, L. (2005), *How to be Happy*, London: BBC Broadcasting [이경아 역, 『영국 BBC 다큐멘터리 행복』, 서울: 예담, 2006].
18) 송두범 외 (2017), 『우리는 왜 농촌마을 홍동을 찾는가』, 홍성: 그물코.

2년제 비인가 대학인 환경농업 전공부를 2001년에 개교하였다. 졸업생들 대부분이 홍동면에 정착하고 그러면서 점점 귀촌자가 늘어났다.

풀무학교와 더불어 장곡면 도산리 2수 오미마을의 '젊은 협업농장'에서는 10명의 청년이 8동의 비닐하우스에서 쌈

출처: http://www.hani.co.kr/arti/PRINT/940638.html

채소를 재배하고 있다. 청년 농부들은 마을에서 각자 기거하면서 6시부터 4시까지 일하고, 4시부터는 유기농업이나 마을 만들기, 글쓰기, 철학, 예술, 여행 강좌 등을 듣는다. 젊은 협업농장은 풀무학교 졸업생들이 마을에서 잘 적응하지 못하자 설립한 것으로서, 어느 정도 농사일과 마을살이를 익히면 독립해 마을에서 살아가도록 돕는 교육 목적의 농장이다. 젊은이들이 농촌에 오는 만큼 농사일만 하기보다는, IT와 농업을 연계하고, 마케팅 등 '새로운 농부'의 길을 찾도록 도와주고 있다.

한국농촌경제연구원 김정섭 연구위원은 다음과 같이 말한다. "돈만 벌 수 있으면 젊은이들이 농촌에 올 거라고 생각하는데 그렇지 않아요. 청년들은 돈벌이 외에도 문화와 교육과 의료 등 삶의 다양한 욕구를 충족할 수 있어야 해요." 고도화된 자본주의 사회, 도시에서 상처받고 찌든 청년들이 또래와 대화하고 공감하며 상처를 치유하고 새로운 방향을 모색하는 쉼터가 바로 젊은 협업농장 모델이다. 한편, 젊은협업농장 바로 옆 '행복농장'은 충남 광역정신건강증진센터와 협조해 지적장애를 가진 사람들이 농사일을 해보고 본인이 원하면 취업까지 할 수 있다.

🎙 사례 2
인천 검암 우리동네사람들[19]

　인천시 검암동의 '우동사(우리동네사람들)'라는 주거공동체에 살면서 '창문카페'를 운영하는 청년들이 있다. 이들은 10시부터 7시까지를 영업시간으로 하는데 특이한 점은 11시 30분부터 한 시간 동안은 문을 닫고 자기들끼리 점심시간을 갖고 쉰다는 것이다. 이들은 실수를 해도 서로 비판하지 않는다. 일도 놀러 오듯이 한다. 청년들에게는 이처럼 임금이 적어도 소통하고 치유하며 미래를 준비하는 일터도 필요하다.

　이들이 이렇게 느긋하게 일할 수 있는 건 카페가 개인소유가 아닌 협동조합이고 서울시 공모사업으로 하는 사업이어서 임대료가 저렴하기 때문이다. 중요한 건 공통의 관심사를 가지고 내적인 고민과 갈등과 불안에 대해서 대화하는 소통이다. 청년들이 돈을 벌어 저축하는 것이 목적이 아니라, 각자의 인생을 탐구할 정거장 같은 일터가 되어 이곳에서 청년들이 원기를 재충전할 수 있으면 좋겠다는 바람으로 만들어진 공간이다.

출처: 인천인 http://www.incheonin.com/news/articleView.html?idxno=27749

---

19) 조현 (2018), 『우리는 다르게 살기로 했다』, 서울: 휴.

이처럼 청년들이 꼭 공무원 시험을 준비하고 기업에 취업하려고 하기보다, 공동체에 함께 하거나, 몇 명이 힘을 합쳐 사회적 기업을 창업할 수도 있다. 정부와 지방자치단체도 상생하려는 청년을 돕는 여러 프로그램을 마련하고 있다. 험한 고개를 넘을 때 혼자서는 너무 힘들다면, 그 고단함을 홀로 감내하기보다는 동지들을 찾아나서야 한다. 함께 가야 멀리 갈 수 있다. 함께 가야 신나게 갈 수 있다.

청년들의 대안적 일에 대한 모색

앞에서 다룬 공동체적 삶은 대안적 삶의 가치를 실천하는 이 시대의 모습을 스케치한 것이다. 이러한 삶은 어떤 일을 하느냐와 밀접한 관계를 갖는다. 청년들이 선택할 수 있는 대안은 이미 많은 이들에 의해 시도되고 있다.

근 몇 년 열풍을 일으켰던 제주도 이주는 대안적 삶과 일을 결합한 형태를 꿈꾸는 이들이 얼마나 많아졌나를 볼 수 있는 현상이다. 이들은 도시의 소비와 경쟁을 떠나 평온한 삶을 지향하며 귀촌을 택했고, 그 중에서도 자연환경이 이국적이고 기존의 삶의 터전과 관계에서 가능하면 멀리 떠날 수 있는 제주를 택했다. 평온하다고 하더라도 기본적인 경제적 기반이 있어야 하는데, 귀촌한다고 해서 농사만 지으라는 법은 없다. 자기가 가지고 있는 전문성을 살려서 소박한 미용실을 낼 수도 있고, 건축을 하거나 출판사를 낼 수도 있다.[20] 도시에서 산다고 하더라도 대기업이 아닌 작은 회사에 다니면서 따뜻한 정을 나누며 일하는 수도 있고,[21] 시골에 내려

20) 정다운 (2015), 『제주에서 뭐 하고 살지?』, 통영: 남해의 봄날.
21) 김정래 외 (2012), 『나는 작은 회사에 다닌다』, 통영: 남해의 봄날.

가 빵집을 차릴 수도 있고,[22) 자신의 특기를 살려 적게 벌고 적게 쓰며 고용되지 않고 프리랜서로서 일할 수도 있다.

그렇다면 청년들의 구체적인 일에 대한 모색은 어떤 것들이 있을까?

🎤 사례 3 〈동네방네〉
지역문제 해결을 위한 비즈니스 아이디어로 친구들과 함께 협동조합 창업하기[23)

동네방네는 춘천 원도심 재생을 위한 관광과 숙박 플랫폼과 공정여행 프로그램을 운영하는 곳으로서 청년들이 자신들의 살아가는 지역의 사회 문제를 해결하고자 창업하여 일군 협동조합형 소셜 벤처이다. 한림대학교(강원도 춘천시)에서 사회적 기업 창업 동아리를 통해 만난 청년들은 대학에서 경험을 쌓는 방법으로, 사회 문제에 대한 각성과 실천의 형태로, 혹은 창업과 경영으로 그 경계를 넘나들면서 활동하다가 창업에 이른다. 그 과정에서 춘천 지역의 문화를 살리고, 마을 공동체를 복원하고, 공정 여행을 꾸리고 게스트하우스와 같은 새로운 숙박 형태를 실험하는 방식으로 지역사회를 살리고 스스로를 살려나간다.

동네방네의 조한솔 대표와 청년들은, 고속도로와 경춘선 개통, 미군 부대 캠프페이지 이전 등으로 춘천의 원도심이 쇠락해가는 문제에 주목하였다. 춘천의 원도심을 살리는 방법으로서, 관광객을 유치하고 지역상권을 활성화하고자 지역 여관들을 모아 관광객들이 손쉽게 이용할 수 있는 숙박 시설을 안내해주는 플랫폼을 만들고, 숙박과 연관된 다양한 사업들을 이

---

22) 와타나베 이타루 (2014), 『시골 빵집에서 자본론을 굽다』, 정문주 역, 서울: 더숲.
23) 〈강민정 (2018c), 『동네방네 협동조합』, 동그라미재단 Local Challenge Project Case Study Working Paper Series 2018-02〉을 요약하였음.

플랫폼 안으로 연결하고자 하였다. 청년들은 직접 '봄엔하우스'라는 게스트 하우스를 운영하면서 온라인 예약 시스템 적용, 지역 상품권 제공으로 지역 상권 활성화 등을 꾀하였고, 이 과정에서 지역 주민들의 신뢰를 쌓아나가는 중이다.

창업 후 일정 시간이 흐른 2016년, 대학 동아리에서 만나 동네방네를 통해 다양한 경험을 쌓은 초기 멤버들은 각자의 적성과 진로를 고민하는 과정에서 일부는 동네방네를 떠나 새로운 진로를 찾기도 하였고, 조한솔 대표는 다양한 사업 영역의 구조를 조정하는 과정을 겪는다. 동네방네는 게스트 하우스 사업에 집중하여, 본래 계획한 바, 원도심 지역의 숙박 플랫폼을 중심으로 한 지역 경제 활성화라는 목표에 한걸음씩 걸음을 옮기고 있는 중이다.

동네방네는, 춘천시 문화재단, 춘천 사회적기업 중간지원기관, 씨즈 등 춘천 지역 내외의 기관들과 협력하여 공정여행 프로그램을 개발하고, 청년 문화 프로그램 등을 기획·운영해왔고, 이러한 프로그램에 참여한 지역 청년들은 그 경험을 바탕으로 그들만의 창업을 해나가기도 한다. 초기에 함께 했던 창업자들에게는 다음의 커리어를 찾아가는 장으로서, 또, 지역의 청년들에게는 사회적 경제를 경험하여 자신들의 미래를 꿈꾸게 하는 기반으로서 모범적 사례이자 플랫폼이 되고 있다.

춘천의 청년 문화활동가들.
조한솔·홍근원·김윤환·이경하·오석조(왼쪽부터) 씨가 버려진 여관을 개조해 만든 봄엔 게스트하우스 옥상에 올랐다. 구도심에 활력을 불어넣는 주역들이다.
(권혁재 사진전문기자)
출처: https://news.joins.com/article/22195355

🎤 사례 4 〈완두콩〉
도시를 떠나 귀촌하여 전문성을 발휘하는 직업 찾기[24]

'완두콩'은 전라북도 완주의 출판업체로서 지역민들의 소소한 삶의 이야기를 소식지로 발간하면서 소박한 삶의 보편적 가치를 확산하는 마을 공동체 기업이다. 완두콩은 귀촌한 전문직 기자가 창업한 공동체기업으로서, 역시 귀촌한 전문직 청년들에게 대안적 일자리를 마련해 주고 있다.

'미디어공동체 완두콩 협동조합'은, 2012년 10월 마을 소식지 〈완두콩〉 1호를 발행하기 시작해서 지금까지 한 번도 쉼 없이 매달 마을 소식지를 발간하고 있다. 마을소식지 〈완두콩〉을 만드는 것을 시작으로, 다른 마을이나 공동체의 소식지 발행을 대행하거나, 영상 제작, 기자교육, 미디어 교육과 출판 등으로 사업영역을 확장한 완두콩은, 2013년 8월 협동조합으로 법인체를 구성하였으며, 2017년에는 상근직 5명이 일하는 조직으로 성장하였다. 완두콩의 활동은 완주군 내에서도, 그리고 전국적으로도 그 가치를 인정 받아, 2015년과 2016년 한국농어촌공사 우수 공동체 회사로 선정되었고, 2017년 국가기록관리 유공자로 선정되기도 하였다.

완두콩의 성장에는 완주군의 지원 정책이 바탕이 되었는데, 완주군은 전국 최초로 커뮤니티 비즈니스 분야에서 중간지원조직을 구성하여 체계적으로 사회적 경제 조직을 지원하였다. 완주군이 진행한 사회적 경제 공동체 창업을 위한 프로그램에서, 이용규 대표가 사람들과 함께 시작한 일이 〈완두콩〉을 만드는 일이었다.

"지역 내의 '소소한 일상'과 '사람'에 대한 스토리텔링을 전하는 매체를 통해 지역사회 소통 플랫폼으로 역할함과 동시에 대안적 삶의 가치를 전파"한다는 소셜 미션 하에, 완두콩은 지역의 소통을 원활하게 하는 창구를 넘어,

---

우리 시대의 대안적 삶의 가치를 전파하면서 귀농·귀촌 인구 증가에도 긍정적 기여를 하고 있다. 완두콩 자체도 콘텐츠와 디자인 분야에서 청년 귀촌자를 채용하고 있어, 경쟁과 빈곤에 지친 도시의 청년들에게 귀촌과 연계된 일자리에 대한 대안이 되어주고 있다.

매월 발행되는 소식지에 담긴 마을이야기, 사람이야기를 통해서 완주군 고유의 지역 콘텐츠를 제작하고 자료를 축적하여 지역사회의 기억저장소 역할을 해내는 한편으로, 완두콩은 할머니들의 캘리그라피 활동을 기록한 〈할미그라피〉, 완주 사람들의 이야기를 엮은 〈완주, 사람들〉 등의 출판물도 내고 있다.

완두콩이 만들어내는 마을의 이야기는, 경쟁과 효율에 매몰되어 있는 도시의 생활방식에 대한 '대안적 삶의 가치'를 전달하는 보편적 콘텐츠로서 의미가 있다. 완두콩은 앞으로 완주의 이야기가 가진 보편성의 가치를 더 널리 확산하면서 사회적 영향력을 높여 나갈 것이 기대되고 있다.

출처:
https://www.media—center.or.kr/daegu/mediaScope/webzineDetail.do?webzineId=
WZN_0000000000000350&rownum=0&hosoo=2018.06&type=community

🎤 사례 5 〈LIAF〉
가업을 잇다, 그리고 6차 산업화와 사회적 가치를 더하여 창업하다[25]

Life Is A Flower의 첫 글자를 따서 이름 지어진 LIAF(리아프)는 사람들의 삶이 꽃처럼 되기 바라는 마음으로 꽃이 생활 문화로 자리잡게 하는 것을 목표로 하는 기업이다. 'LIAF'는 한국사회에 '꽃'의 가치를 심고자 한다. 꽃과 식물이 사람의 마음을 안정시키고 스트레스와 긴장감을 해소시키는 효과가 있다는 점에 주목하여, 현대사회에 만연한 정서적 결핍과 우울증, 강박증 등의 심리적 스트레스에 대해 과감하게 '꽃'을 그 대안으로 제시한다.

LIAF의 창업자 남슬기 대표는 어릴 적부터 꽃을 가까이에서 접했고, 꽃의 생육은 물론, 산업에 대하여도 전문가가 될 수 있었다. 가업인 '세계꽃식물원'을 모기업으로 하여 자회사로 설립된 리아프는 원예전문판매점인

출처: 리아프 웹사이트

Flower Station을 통해 합리적 가격의 화훼류 판매는 물론, 화훼와 가드닝(Gardening: 원예) 관련 교육과 '액티브 원예 힐링 캠프' 등 원예 관련 다양한 체험 프로그램을 운영함으로써, 일상 생활 속에 꽃이 중요한 구성 요소로 자리잡게 만들고자 한다. 특히 사업 초기에는 한국사회에서 가장 스트레스에 많이 노출되어 있는 중장년 남성의 스트레스 해소를 위한 프로그램을 운영하기도 하였다.

---

25) 〈강민정 (2015), "혁신형 사회적기업 창업을 위한 소셜이슈 분석과 기회탐색", 강민정 외, 『소셜 이슈 분석과 기회탐색 I』, 서울: 에딧더월드〉 내에 소개된 사례를 재해석하였음.

🎙 사례 6 ⟨JUMP⟩
지역에 머물면서 지역혁신 비즈니스에 참여하기
— 청정(靑停)지역 프로젝트[26]

소셜 벤처 (사)점프(JUMP)의 이의헌 대표는 교육불평등 문제를 해결하기 위해 대학생들로 하여금 취약계층 청소년을 가르치도록 하고, 사회인 멘토와 대기업의 장학금을 통해 대학생들의 봉사가 지속가능하도록 선순환 구조를 만들어 그 모델을 확산해왔다. 점프의 활동이 그동안 서울, 부산, 대구와 같은 대도시를 중심으로 한 모델이었다면, 2018년 시작한 '청정(靑停)지역 프로젝트'는 농어촌 지역 교육 불평등 문제와 청년인구 감소 문제를 동시에 해결하기 위한 것이다. 청년이 머무르는 지역을 일컫는 '청정지역'을 내세운 이 프로젝트는 도시 청년들의 지역에 대한 관심을 이끌어내고 정착하도록 지원한다. 청년들은 지역에서 최대 1년 동안 경제활동과 교육봉사를 함께 수행하게 되는데, 청년들이 지역에 머물며 경험을 쌓고 진로를 계획하며 지역에서의 일과 삶을 이해할 수 있도록 일종의 갭이어(Gap year)를 부여한다. 지역의 중소기업과 사회적 기업, 마을기업, 비영리단체, 관공서 등과 파트너십을 맺고 청년들이 전문성과 안정감을 갖고 활동할 수 있도록 교육훈련과 안전한 주거 환경 등을 제공하고 멘토링 프로그램을 통해 적응을 돕는다. 이 프로젝트로 매년 50~100명의 청년들이 지역을 경험하게 된다면 도시 청년들의 지역에 대한 인식이 변하게 되고 소수라도 지역에 남게 된다면 지역기업들은 좋은 인재를 확보할 수 있다. 청년들의 교육 봉사를 통해 지역 청소년의 교육소외 문제도 어느 정도 해결이 가능하다. 점프는 2018년 10월에 제주 올레, 서귀포시교육발전기금과 협력하여 4개월 프로그램으로 제주에서 시범사업을 진행하기도 하였다. 제주 올레에서 홍보마케팅 관련 일을 하고, 서귀포시 지역아동센터 아동과 청소년 대상

---

26) ⟨강민정, "청년이 정착하는 청정지역", 국민일보, 2018.12.21⟩을 바탕으로 재구성

기초학습 지도 등의 활동을 병행하였다. 활동기간 중 주 1회 정도는 청년의 진로 및 인생의 항로 결정에 도움이 되는 다양한 멘토링이 제공되었다. '청정지역 제주'에는 3~4명을 뽑는 데 지원자가 100명 이상 몰렸다.

지역에서 인구가 감소하고 청년이 떠나는 현실은 어제 오늘의 일이 아니다. 그러다 보니 지역 기업들은 구인난을 겪고 있다. 반면 청년들은 보다 나은 교육과 취업을 위해 서울로 몰려들지만 대다수가 일자리를 구하지 못하거나 불안정한 노동에 편입되고 있다. 지역혁신 비즈니스는 청년 일자리의 훌륭한 대안이 될 수 있다. 다만, 이를 실현하려면 청정지역 프로젝트와 같은 세심한 설계와 노력이 뒷받침되어야 한다.

청정지역 프로젝트는 지역기업에 청년취업을 연계하는 것을 넘어 궁극적으로 도시와 지역의 청년들이 협력해 지역혁신 비즈니스를 만들어 내도록 지원하는 게 목표가 아닐까. 청정지역 프로젝트를 통해 청년들이 자신의 일과 삶의 대안을 찾는 새로운 가능성을 발견할 수 있을 것이다. 도시의 편리함과 무한경쟁의 가치를 잠시 내려놓고 지역의 삶을 경험할 수 있는 지역혁신 비즈니스에 적극 도전했으면 좋겠다.

🎤 사례 7 〈한림대학교 동아리 파밍크루〉
홍천 사과축제에서 농업의 6차 산업화를 경험하다[27]

한림대학교 학생들은 2018년 11월 사과 출하기에 열린 홍천사과축제를 기획하고 직접 참가하여 여러 가지 프로그램을 진행하였다. '홍달이'는 홍천의 달달한 사과 이미지를 연상하여 학생들이 스케치부터 여러 번의 디자인 과정을 거쳐 만든 캐릭터로 축제 홍보와 온갖 상품 포장 등에 쓰였고 상표 출원도 마쳤다. 축제에 가보니 학생들의 아이디어로 만든 즐길 거리, 볼거

---

27) 〈강민정, "홍달이를 아시나요", 국민일보, 2019.3.15〉을 바탕으로 재구성

리, 놀 거리들이 가득했다. 학생들이 함께 하니 축제가 젊어졌다. 홍달이 스티커를 얼굴에 붙인 어린 아이들이 엄마 아빠와 함께 사진을 찍으며 행복해 했다.

기후변화로 인해 사과 최적 재배지가 강원도로 북상한지 시간이 꽤 흘렀어도 사람들은 강원도에 사과가 나는지 잘 모른다. 강원도 사과가 맛있다는 걸 알려야 사과농가가 살고 지역 경제가 살아나는데 그게 쉽지 않다. 고민을 해결하는 방법으로 축제를 기획하고 캐릭터 상품을 만들어 판매하고 그밖에 홍천사과의 브랜드 가치를 높이는 다양한 활동을 바로 학생들이 해냈다. 그 과정에서 그들은 지역혁신 비즈니스를 경험했다. 지역이 가진 문제는 다양할 수 있는데, 그 중에서 농업의 6차 산업화는 강원도라는 지역적 특성을 반영한 것이기도 하지만 전망 있는 창업과 창직의 분야로 제시한 것이기도 하다.

6차 산업은 1차 산업인 농수산업과 2차 산업인 제조·가공업, 3차 산업인 서비스업을 결합하여 농업을 고부가가치 산업으로 발전시키는 것을 뜻한다. 2018년에 구글은 농업 스타트업에 1,500만 달러를 투자했다. 세계 농식품 시장 규모는 7.7조 달러다(2018년 기준). IT나 자동차 시장을 합한 것보다 크다. 지금까지 농촌은 도시의 삶을 받쳐주는 곳으로만 인식되어 왔지만, 이제 농업은 기술과 자본이 결합하면서 스마트팜 시대로 진입하고 있다. 강원도 같은 경우 삼림을 품고 있어 임업 분야에서 힐링 리조트나 관광 체험 사업들이 결합되고 있는 추세다. 또한 농촌은 도시가 가지지 못한 생명력과 관계성을 유지하고 있는 공간이기에, 도시의 소비와 경쟁에 지친 사람들이 공동체를 지향하고 인간성을 회복하는 과정에서 새롭게 가치를 발견해나가는 곳이 되어가고 있다. 청년들이 협동조합을 만들어서 직접 농사를 배우는 경우도 있지만, 대학에서 배우고 익힌 지식과 역량으로 6차 산업 영역에서 새로운 일과 직업들을 다양하게 창출해갈 수 있다. 6차 산업은 성장 가능성을 지닌 미래 산업이다. 청년들이 도전해볼 만한 분야이고, 무엇보다 청년을 필요로 하는 농촌을 기반으로 한다.

소셜 벤처 중에도 이러한 가능성에 주목한 곳들이 있다. 농사펀드, 파머스 페이스, 소녀방앗간, 꼬마농부 등이 그들이다. 농사펀드는 크라우드 펀딩 방식으로 투자자들이 농부들의 양심적인 농사에 투자하고, 투자금을 출하된 농산품으로 돌려받도록 하는 플랫폼을 운영한다. 농부에게 보낸 응원이 건강한 먹거리로 돌아오는 구조다.

일본의 다베루 통신은 농·어부들의 철학과 삶의 이야기를 취재하여 보도하고 기사에 난 생산물의 주문을 받아 판매로 연결시킨다. 산지 방문 등 농·어부들과 도시민들의 교류를 주선하기도 하는데 이는 꾸준한 방문으로 이어져, 농가가 태풍, 지진 피해를 입으면 복구하러 달려와 도와주는 공동체로 발전하기도 하였다. 농사펀드도 다베루 통신도 생산자의 양심과 철학을 지켜주면서 판로를 열어주고 있는 한편, 도시민의 삶에 관계와 생명력을 불어넣음으로써 농어촌과 도시를 가깝게 이어주고 있다.

한림대학교 학생들은 관심과 활동을 더 넓혀 파밍크루라는 동아리를 만들어 축제를 성공적으로 치르더니, 이를 이어서 협동조합을 창업하여 활동을 계속 이어가고 있다. 축제를 준비하며 축제 기획과 운영에 대해 경험하였고, 그 과정에서 6차 산업에 대해 알게 되었고, 관련 창업에 대한 자신감을 갖게 되었다. 이러한 경험을 가진 학생들 중에는 앞으로 6차 산업에서 브랜드 전략을 만드는 일을 해보고 싶다는 이야기를 하기도 한다. 지역의

파밍크루 홍달이 놀이터 부스 / 홍달이 코스튬을 입고 퍼레이드 중인 파밍크루 단원들
출처: 한림대학교 공식 블로그

문제를 해결하는 가운데 경험과 자신감을 얻은 그들은 자연스럽게 그 바탕 위에 미래를 설계한다. 어떻게 하면 그들에게 더 많은 경험을 하게 하고, 스스로 미래를 설계하게 할 수 있을까. 대학과 지역사회가 더 많이 기회를 열어 주고 격려를 보내줄 때다.

6) 대안으로서의 창업에 도전하라

창업을 통한 새로운 일과 삶의 재정의

창업은 청년 스스로 새로운 일과 삶을 재정의한다는 의미에서 중요한 대안이 될 수 있다. 창업은 청년들이 자기 스스로의 삶을 경영할 수 있는 기회를 제공함으로써 사회적 결속력을 강화하고, 경제 참여를 가능하게 한다. 창업은 청년들이 경제활동에 진입할 수 있는 방법 중 유일하지는 않지만, 중요한 대안이며 청년들의 잠재력을 촉발시키는 수단임에 분명하다. 창업은 청년실업의 대안으로서 다음과 같은 의미를 갖는다. 먼저, 창업가 자신을 포함하여 인력채용을 통해 고용기회를 확대한다. 둘째로, 사회적으로 고립되고 소외된 삶이 아닌 소통하는 삶을 영위할 수 있도록 해준다. 셋째, 새로운 기술을 익히고 직무경험을 쌓고, 그에 따라 취업 가능성을 높이는 데 도움이 된다. 넷째, 새로운 제품과 서비스 창출을 통해 지역사회 발전에 기여한다. 다섯째, 새로운 트렌드와 기회에 특히 민감한 청년들의 재능을 활용할 수 있으며 청년들의 재능은 '파괴적 혁신'(disruptive innovation)에서 더욱 그 진가가 발휘될 수 있다.

창업은 이제 기업에게 일자리를 만들어내라고 하는 정책 이상으로 적극적인 청년 노동의 대안으로 시각을 전환하여 바라볼 필요가 있다. 대학의 MBA 교육이 그동안 기업의 중간 매니저를 공급하는 데 초점이 있었다면, 청년들을 위한 창업 교육이 미래를 대비하는 데 있어 중요한 방향 전환의 계기가 될 수 있다. 창업은 현실적으로 청년들에게 소득을 올리는 수단이자, 경제적 잠재력을 촉발시키는 수단이기도 하다.

창업은 새로운 존재양식이다

창업은 새로운 시대를 열어가는 혁명이다.[28] 요즘처럼 아이디어를 성공적으로 실현할 수 있는 시대도 없었다. 시장, 서비스 사업자, 인터넷 환경 모두 작은 기업이나 1인 기업 창업을 가능하게 해주고 있다. 이제는 적은 자본으로도 시장에서 경쟁력을 가질 수 있다. "왜 해고될 때까지 기다리는가?" 독일의 여성 매거진 <브리기트>의 기사제목이다. 아웃소싱(outsourcing)과 린매니지먼트(Lean Management: 신경영 기법으로 자재 구입에 배송까지 자원투입을 최소화하는 방식)의 시대, 고용주가 주는 임금시스템에서 벗어나 스스로 지식과 경험을 토대로 돈을 벌어야 한다고 주장한다.

창업의 첫 단계는 어디서 돈을 벌 수 있을지 궁리하는 것이 아니라, 어떤 아이디어와 비전으로 창업할 것인가를 찾아내는 일이다. 창업은 열정, 자아발견, 나아가 일종의 사회적 소명을 의미한다. 자신의 꿈을 세우고, 도전하고, 이를 통해 위대한 일을 이루어내는 일이다. 이 과정에서 경제적인 성공을 거두게 되면 청년들에게 자립의 방법이 된다.

새로운 시대의 창업은 기존의 창업과 달라야 한다. 기존 기업

---

28) Faltin, G. (2013), *Brains versus Capital: Entrepreneurship for Everyone−Lean, Smart, Simple*, Stiftung Entrepreneurship [김택환 역, 『아이디어가 자본을 이긴다』, 서울: 한겨레 출판, 2015].

들은 이익 추구를 최우선 가치로 하였고, 이익 추구가 경제발전의
중요한 동력이 되어오기도 하였지만, 이제 이익 추구가 최우선이기
보다는 가치 지향이 먼저라는 사회적 흐름을 인식할 필요가 있다.
    창업가 중 경제적인 성공을 목적으로 한 사람은 막상 적은 수
에 불과하다고 한다.[29] 창업자들에게는 경제적인 요소를 초월하는
것, 즉, 삶의 기반을 개척하는 일이 더 중요하다는 공통점이 있다.
창업가들은 스스로의 아이디어들을 실현에 옮기는 과정에서 삶의
주인으로서 자신의 삶을 충만하게 한다고 말한다. 창업은 자기 존
재를 실현하기 위한 대안이라는 것이다. 또한 창업은 내적 성취감
이 중요하다고 한다.[30] 창업가는 돈 자체를 쫓기보다는 경제적인
성공을 통해 자신의 능력을 확인하고 싶어 한다는 것이다. 이렇듯
창업은 새로운 사회문화적 트렌드로 인식되고 있다. 개인주의적인
문화가 새로운 기업가 스타일을 만들었고, 그들은 창업을 통해 돈
을 버는 것보다, 자기 실현에 더 큰 의미를 두고 있다.
    21세기 초에 성공한 기업들을 보게 되면, 단순히 경영 합리성
만을 추구하지 않음을 알 수 있다. 그보다는 미래를 예측하는 아이
디어, 책임감, 사회적 가치에 대한 감수성이 높았다. 성공한 창업자
들은 이상주의자는 아니지만, 그렇다고 돈벌이를 최우선으로 하지
는 않았다. 이제 창업을 청년들의 새로운 일과 삶의 대안으로, 새로

29) Faltin, G. (2013), *Brains versus Capital: Entrepreneurship for Everyone—Lean, Smart, Simple*, Stiftung Entrepreneurship [김택환 역, 『아이디어가 자본을 이긴다』, 서울: 한겨레 출판, 2015].
30) Faltin, G. (2013), *Brains versus Capital: Entrepreneurship for Everyone—Lean, Smart, Simple*, Stiftung Entrepreneurship [김택환 역, 『아이디어가 자본을 이긴다』, 서울: 한겨레 출판, 2015].

운 존재양식으로 바라보자.

창업은 인간성을 회복하는 일이다

창업은 오늘날의 사회를 변화시키는 정치사회적인 의미를 가지고 있다. 성공하는 창업 중에는 소셜 벤처들이 많은데, 이는, 반기업 정서가 높은 우리 사회에서 청년들이 진정성 있게 창업과 경제를 대할 수 있는 롤모델(Role Model)이 되기도 한다. 이들의 창업은 기존 다국적 기업이나 거대 재벌이 추구해온 사업보다 훨씬 창의적이고 의미를 추구한다.

슘페터(Joseph Schumpeter)는 경제활동의 결정적 요소로 기업가의 존재를 이야기한 첫 번째 학자다.[31] 기업가는 경영인과 혁신 창업가라는 두 그룹으로 나뉜다. 경영인은 안정된 회사를 통해 그들의 시장을 지키는 반면, 혁신 창업가는 경제의 추진력을 만들어내고, 시장에 새로운 제품과 서비스를 제공하도록 노력한다.

사회적 기업가는 사회 문제에 대한 새로운 문제해결이나 대안적 가치를 제시하는데, 그러한 의미에서 '창의적 사고력'이 중요하다. 여기서 창의적 사고력(Creativity)은 주어진 문제나 현상에 대해서 기존과는 다른 접근과 유연한 사고를 통해 다른 사람들이 보지 못하는 문제 해결의 새로운 단서를 찾아내는 능력을 의미한다. 미국의 저널리스트 데이비드 본스타인(David Bornstein)은 사회적 기업가란 '기존의 틀을 벗어나려는 의지'가 있다고 정의한 바 있다.[32]

---

31) Schumpeter, J. (1934), *Theorie der wirtschaftlichen Entwicklung*, Duncker & Humblot [박영호 역, 『경제발전의 이론』, 서울: 지만지, 2014].

32) Bornstein, D. & Davis, S. (2010), *Social Entrepreneurship: What Everyone Needs to Know*, Oxford Univ. Press [박금자·심상달 역, 『사회적 기업가정신』,

기업가는 태어나는가? 혹은 길러지는가?에 대한 논의는 창업 교육의 오랜 논쟁이다. 이러한 질문에 대답하기 위한 연구, 즉, 창업가에 대한 개인의 성격 특징 연구를 '특성 이론'(traits approach)이라고 부른다. 지금까지 창업 후 성공을 예측할 수 있는 특별한 성격 특성은 발견되지 않았고, 결국 학자들은 창업의 성공 여부를 결정하는 데 있어 주어진 성격 특성은 별로 중요하지 않다라는 공감대를 이루고 있다. 오늘날에 있어서 창업 교육은 후천적인 경험의 중요성이 강조되고 있는 추세에 있으며, 기업가정신은 체계적이고 전문적인 교육을 통해 성공가능성을 높일 수 있다는 주장이 힘을 얻고 있다.

창업은 소수의 사람만이 접근할 수 있고, 특별한 능력이 있어야만 성공하는 영역이 아니다. 성공하는 창업가가 되는 길은 매우 다양할 수 있다. 미국의 철학자 프리트호프 베르크만(Frithjof Bergmann)은 오늘날 창업의 기회가 넓어진 것에 대해 사람들이 임금노동이라는 작은 질병으로부터 이별할 수 있는 기회를 얻었다고 이야기한다.[33] 스스로 자신의 일자리를 만들 수 있고 기업에서 고용되어 일하는 것보다 더 만족하며 일할 수 있다. 그는 <새로운 일자리, 새로운 문화 New work, new culture>에서 "오늘날 기술적인 필수 조건들이 주어져 있고, 생산과정이 분업적이기 때문에 작은 회사지만 스스로 기업을 조직화할 수 있다"고 말한다.[34] 스스로 삶을 만들어

지식공작소, 2012].

33) Faltin, G. (2013), *Brains versus Capital: Entrepreneurship for Everyone-Lean, Smart, Simple*, Stiftung Entrepreneurship [김택환 역, 『아이디어가 자본을 이긴다』, 서울: 한겨레 출판, 2015].

34) Bergmann, F. (2004), *Neue Arbeit, Neue Kultur*, Arbor Verlag.

가라, 남에게 맡기지 마라, 이것이 '삶의 기업가'라는 개념이 가는 방향이다. 그런 의미에서 그는 현재의 지식 전달에 집중된 교육 시스템이 변화해야 하며 누구나 '잠재적으로 최고 기업가'가 될 능력을 갖출 수 있도록 교육해야 한다고 주장한다.

청년 대다수가 끝도 모를 취업준비에 시간을 쏟을 때, 창업의 맛을 안 청년들은 새로운 개념을 가지고, 그들의 경제적인 미래를 설계하기 시작했다.

창업은 경제적 해방 운동이다

'나는 오늘도 경제적 자유를 꿈꾼다'[35]라는 책 제목을 보고 너무 가슴에 와닿는 제목이라고 생각했다. 대다수 사람들이 '먹고 사는 일'에 메어 자유롭게 취미 활동을 하고 정치를 논하고 이웃과 친구와 우정을 나누는 삶을 언젠가 이루어질 일로 생각하고 있지 않은가. 그 경제적 자유는 도대체 언제 어떻게 올 것인가? 나는 자연스럽게 임금노동으로부터의 해방 즉, 모두가 기업가가 되는 세상을 생각했다. 청년 혹은 많은 사람들에게 창업의 희망을 주는 책인가보다 생각하고 살펴보았을 때, 내용은 내가 생각하는 방향과는 전혀 맞지 않은 것임에 씁쓸했다. 그것은 부동산 투자에 관한 것이었다. 부동산 투자이든 창업이든, 임금노동에서 벗어난다는 의미에서 그도 틀린 말은 아니었지만 2020년 대한민국에서 경제적 자유는 자유롭고 창의적인 창업에 의해서가 아니라 부동산이라는 지대의 추구에서 나온다는 사실을 어떻게 받아들여야 할까. 2018년 이후 몰아닥친 갭투자를 통한 부동산 투기 현상이나, 비트코인 투자 스

---

35) 청울림 (2018), 『나는 오늘도 경제적 자유를 꿈꾼다』, 서울: 알에이치코리아.

캔들, 2020년의 주식투자 열풍의 이면에는 대한민국의 암울한 청년 세대의 현실이 있었다.

부동산 투자가 아닌 창업으로 경제적 자유를 얻는 사회로 변화가 일어나야 한다. 포스트 포디즘(Post Fordism)시대로 접어들면서 아이디어와 콘셉트가 과거보다 더욱 큰 역할을 담당하고 있다. 이제 우리는 생각을 바꾸어야 한다. 왜 이렇게 많은 사람이 쇠락해가는 산업의 마지막 일자리를 위해 경쟁해야만 하는가? 이 문제에 대응하기 위해 자신의 아이디어와 콘셉트로 창업하는 사람들은 왜 이리 적은가? 어떤 제품과 서비스가 미래 사회에 필요한지 왜 더 진지하게 고민하지 않은가?

오늘날 경제는 점점 더 우리 삶의 영역을 파고들 뿐 아니라, 종교, 문화, 교육보다 우리의 일상생활에 더 큰 영향을 미치고 있다. 그럼에도 불구하고 경제의 주역은 기업가와 독점자본이며 경제 정책을 담당하고 있는 정부의 영역으로 치부되고 있는 듯하다. 대부분의 사람들은 소비자의 위치에서 상품테스트와 제품 품질, 혹은 가격을 비교해보는 정도로 시장에 수동적으로 참여하고 있다.

시장은 완벽하게 작동하지 않는다. 민주주의가 완벽하게 작동하지 않는 것과 마찬가지이다. 독일의 철학자 임마누엘 칸트(Immaunel Kant)는 <계몽이란 무엇인가>에서 정치적인 해방뿐만 아니라 경제적인 자기해방에 대해서도 이야기했다. "계몽은 스스로 과실이 있는 미성숙한 사람으로부터 출발하는 것이다. 미성숙함은 다른 사람의 도움 없이는 자신의 이성에 복무할 수 없는 무능력함이다. 미성숙함은 스스로에게 책임이 있다. 이런 미성숙함의 원인은 이성의 부족에 있는 것이 아니라, 결단과 용기의 부족에 있다.

다른 사람의 도움 없이 자신이 이성에 복무하는 결단과 용기 말이다" 그리고 칸트는 "너 자신을 자신의 이성에 복무하는 용기를 가져라"라고 말한다.36)

이제 예전에 비해 많은 사람들이 창업을 선택해 나가고 있다. 경제의 영역에서도 보통사람들이 목소리를 내고 권력을 실현할 수 있다. 그들에게 자기 확신과 경제적 자기 실현에 대한 용기를 북돋아주자. 이제 경제 운용이 소수의 권력자에 의해서가 아니라, 평범한 사람들의 참여와 아이디어의 힘으로 통제되고 굴러가는 사회를 열어 보자.

창업은 개인적 성장을 가져온다

창업은 경제적 해방이자 인간성을 회복하는 일이다. 그러나 청년들이 그동안 받은 교육을 생각하게 되면 청년들이 창업에 뛰어들기에는 심리적 장벽이 많을 수 있다. 실제 창업을 하기 위해 나선다 하더라도 어디서부터 시작해야 좋을지 막막하다. 이러한 환경에서 차라리 한 살이라도 젊어서 창업을 경험해 보는 것이 현명한 선택이다. 그 중에 가장 안전한 창업 환경이 바로 대학이다. 대학생활에서 창업을 경험하게 되면 창업이 잘 안 된다고 하더라도 최소한 창업의 경험은 앞으로의 삶에 의미있는 경험으로 남는다. 창업이 실패한 것이지 내 삶이 실패한 것이 아니다. 창업이 잘 안됐으면 그 원인을 분석하고 성찰해야 한다. 이후 다시 창업을 하거나, 아니면 실패한 아이템과 비슷한 종류의 사업을 하는 기업에 취업을 하

---

36) Kant, I. (1784), *Beantwortung der Frage: Was ist Aufklärung?*, Berlinische Monthly [임홍배 역, 『계몽이란 무엇인가』, 서울: 길, 2020].

게 된다면 창업 실패의 경험을 높이 인정해줄 것이다. 요즘은 기업에서 채용을 할 때도 창업 경험이 있다고 하면 도전정신과 창의성을 높이 평가해서 채용에도 유리한데, 그것은 창업 과정에서 부딪치는 다양한 문제들을 해결해 본 경험, 집중적으로 상황에 대처해 본 경험을 인정해주는 것이다.

이렇게 보면 창업에 대한 부담은 알고 보면 실패 자체라기보다는 막연한 두려움 때문이라고 할 수 있다. 창업했다가 잘 안됐다고 해도 잃을 것이 없다. 지금은 실패한 창업가에게도 계속 기회를 주고 격려하며, 많은 실패가 오히려 스펙이 되기도 하는 세상이 되었다. 대구의 소셜 벤처 콰타드림랩은 청년들이 부담없이 창업 혹은 새로운 일에 도전하도록 격려하고 실패의 경험을 나누는 실패의 날37) 행사를 열기도 한다.

🎙 사례 8 〈콰타드림랩〉
청년시절 겪은 실패의 경험을 담아 지역 청년들의 꿈멘토로 나서다

대구의 소셜 벤처 콰타드림랩은 지역 청소년과 청년의 진로 설정을 지원하고 직무교육을 제공한다. 콰타드림랩을 창업한 추현호 대표는 20대에 4개의 대륙과 5개의 대학에서 다양한 교육 과정을 다니면서 공부하였다. 한때 취업을 위해 대도시로 떠나는 것을 당연하게 여기기도 했지만, 지방의 많은 청년들이 대기업 취업을 위해 도시로 떠나거나 공무원 시험 등에 몰

---

37) 대구의 사회적 기업 콰타드림랩은 '실패의 날' 행사를 통해 창업자들의 실패의 경험을 나누고 청년창업가들이 실패에 대해 긍정적인 태도를 갖도록 하는 프로그램을 진행한다.

출처: https://m.blog.naver.com/mbcnexlab/221311816659)

리는 상황은 정상적이 아니라고 판단했다. 지역의 중소기업이 양질의 일자
리를 만들어내고 이곳에서 지역의 청년들이 자신의 꿈과 비전을 실현할 수
있는 환경을 만들고 싶었고, 그 첫 단추로 청년들의 진로 탐색을 이끌어주
는 멘토링이 필요하다고 보았다.38)

　　청년 소셜벤처가로서 활발한 활동을 이어가고 있는 추현호 대표는 꿈을
함께 찾는 동반자로서 꿈 멘토를 자처한다. 40여 개국을 여행한 그의 이야
기는 대구방송인 TBN라디오 방송 세계 일주를 통해 화제가 된 바 있으며,
풍부한 글로벌 경험을 바탕으로 SK 그룹, 경북지방공무원교육원, 대구문화
재단, 경북대학교 등에서 다양한 강연과 멘토링을 요청받고 있다.

　　2017년과 2018년 청년응원카페에 선정되어 카페 행사로 실패의 날을
개최했다. "누구나 실패를 좋아하진 않는다. 성공은 좋은 결정에서 비롯되
고 좋은 결정은 경험에서 배울 수 있다. 결국 우리 모두는 실패를 통해 배
우고 성장한다"고 말하는 추현호 대표는 청년들에게 실패를 당연하게 여기
고 다양한 일에 도전하라고 말한다.

---

38) "네가 진짜로 하고 싶은 게 뭐야? 진로와 꿈을 찾아주는 '콰타드림랩'(SK
　　media, 2019.6.21)

🎤 사례 9 〈토닥토닥〉
자신의 전문성을 바탕으로 소셜 벤처 창업하기
– 심리상담을 전공한 청년이 창업한 대구의 심리상담 카페[39]

토닥토닥은 편안한 공간(카페)에서 적절한 가격의 전문적인 심리상담을 제공하여 일생 동안 사람들의 마음 밭을 돌보는 대구의 심리상담 카페이다. 토닥토닥은 사람들이 일상적으로 마음을 돌보며 살아가는 세상을 꿈꾼다. 토닥토닥의 이영희 대표는, 심리상담을 받고자 하는 사람들은 많이 있지만, 실제 상담을 받으러 가기까지 사람들이 겪게 되는 장벽으로서 높은 가격과 낙인 효과가 있음에 주목하였다. 무엇보다 예방적 차원에서 심리상담을 받는 경우가 거의 없어 장기간 내적 고통을 가지고 가는 경우가 많은 현실에 문제의식을 느꼈다.

토닥토닥은 사람들이 방문하기 편한 공간으로서 카페를 심리상담 장소로 하고 낮은 가격을 책정하여 경제적인 부담을 없앴다. 심리상담을 원하는 내담자에게는 접근성을 높였고, 상담사들에게는 안정적인 일자리가 마련되었다.

토닥토닥이 심리상담의 접근성을 높이는 서비스를 제공하게 되면서, 꾸준히 내담자의 숫자가 증가하였고, 점차 개인 상담뿐만 아니라 청소년을 위한 상담 프로그램, 사회적 경제 조직 활성화 프로그램 등 다양한 영역으로 사업을 확장하였고, 이는 매출과 상근직 증가로 이어졌다.

출처: https://blog.daum.net/te1219/1514

---

39) <강민정 (2018d), 『토닥토닥 협동조합』, 동그라미재단 Local Challenge Project Case Study Working Paper Series 2018–03>을 요약하였음.

출처: 토닥토닥협동조합 웹사이트

토닥토닥은 사회적 기업 영역에서 '상담서비스' 분야를 개척한 만큼 사회적 경제와 시민사회에서 다양한 지원을 받으며 성장하였다. 토닥토닥이 자리하고 있는 대구의 사회적기업 중간지원기관은 물론, 동그라미 재단, 정몽구 재단, SK 행복나눔재단 등 전국 규모에서 토닥토닥이 지향하는 사회적 가치를 인정받으며 성장해왔다.

성장을 거듭해오면서 현재 3호점까지 확장한 토닥토닥은 사업장 분산으로 발생한 비효율 문제, 상담의 문턱을 낮추기 위해 도입한 카페 사업과의 결합에 있어 카페 사업의 경쟁 격화 등의 문제 등 사업적인 이슈들에 봉착해 있다. 토닥토닥은 카페가 아니라도, 내담자들의 접근성을 높이는 대안적 공간에 대해 고민 중이며, 분산되어 있는 사업장들을 모아 다양한 상담활동이 가능한 통합적인 상담 공간 조성을 계획하고 있다.

🎙️ 사례 10 〈멘탈헬스코리아〉
자신의 경험을 바탕으로 소셜 벤처 창업하기
- 정신적 어려움을 겪은 경험을 바탕으로 정신건강 서비스에 혁신적 접근법을 제시[40]

멘탈헬스코리아는 정신건강 서비스에 대해 혁신적 접근을 하는 비영리민간단체이다. 카이스트 사회적 기업가 MBA에서 만나 멘탈헬스코리아를 공동 창업한 최용석, 장은하 대표는 많은 사람들이 고통받고 있지만 쉽게 밝

---

40) <강민정, "아픔의 전문가되기", 국민일보, 2019.4.12>을 바탕으로 재구성

히지 못하는 우울과 정신건강에 대하여 소리내어 말하라는 메시지를 일관되게 전한다. 정신건강의 문제가 있을 때 사람들이 환자로서보다는 정신건강서비스의 소비자로서 당당하게 정보를 구하고 질 높은 치료와 전문기관을 찾도록 사회적 인식을 개선하고자 다양한 활동을 전개하고 있다. 정신적 아픔을 겪은 사람들을 아픔의 전문가이자 치유자로 전환하여 '동료지원가'로 양성하는 활동도 그 중의 하나이다.

정신건강의 영역은 조기 발견과 개입이 매우 중요한데, 많은 선진국에서 가장 효과적인 조기 개입 방법으로 동료지원가를 활용하고 있다. 동료지원가는 자신의 경험을 공유하고, 공감을 바탕으로 정신적 아픔이 있는 사람들을 조기에 발견해 전문가에게 도움을 청하도록 설득하는 등의 활동을 수행한다.

우리나라 우울증 인구는 약 1,000만 명으로 국민 4명 중 1명이 정신적 어려움을 경험하지만 우울증 환자 10명 중 9명은 적절한 시기에 치료를 받지 못하고 있다. 2018년 서울대병원에서 소아·청소년 4,000명을 대상으로 조사한 결과 18%가 자살을 생각하는 등 심각한 정신건강 문제를 겪고 있음에도 불구하고 이들 중 83%는 치료를 위해 전문가의 도움을 받고 있지 않는 것으로 나타났다. 마음이 아플 때, 바로 자신의 정신건강상 문제를 인정하고 전문가를 찾아가 도움을 청하는 사람이 얼마나 될까. 동료지원가를 활용한다는 것은 정신건강 분야에서 시스템적인 변화를 가져오는 접근이다. 전문가의 성역을 넘어, 아픔을 겪은 사람들 스스로 고통받는 사람들을 지지해주는 선순환을 만들어나가는 일이다.

최근 청소년 자해가 정신의학계는 물론 사회문제로 떠오르고 있다. 멘탈헬스코리아는 이를 해결하기 위한 방법으로 청소년 동료지원가를 육성하여 활용하자고 제안한다. 동료지원가들의 경험에서 우러나온 공감과 지지는 청소년들에게 설득력있게 작용해 그들이 정신적 어려움에서 벗어나고 조기에 전문가의 치료를 받도록 하는 데 도움이 될 수 있다. 이 단체는 2018년에 교보생명의 후원과 한국사회투자의 지원으로 'STAR프로그램'을 열었고 이를 통해 청소년 10명이 교육을 받았다. 여기에 참여한 청소년들은 스스로의 아픔을 치유하면서 동시에 다른 친구들을 돕는 동료지원가로 거듭나고 있다. 이들은 청소년 자해에 대한 인식개선을 위해 유튜브 콘텐츠를 제작하기도 했고, 2019년 2월 광화문에서 자해예방 캠페인을 벌이는 한편, 삼성전자의 후원과 사회복지공동모금회의 지원으로 100명의 청소년 동료지원가를 육성하였다.

멘탈헬스코리아 장은하, 최용석 대표는 자신의 정신적 아픔에 대한 경험을 바탕으로, 아픔을 겪은 사람들이 가장 좋은 치료자가 될 수 있다는 생각에 대해, 정신건강의 세계적인 흐름을 확인하고 우리나라에도 실현시키고자 노력 중이다. 정신건강에 대한 혁신적 접근을 실현해나가는 멘탈헬스코리아의 작은 한걸음이 우리 사회의 천만 우울증 인구가 고통에서 벗어나는 데 의미 있는 변화를 불러올 것이라 기대하고 있다.

출처: SK 미디어, http://mediask.co.kr/64959

🎤 사례 11 〈디베이트포올〉
대학에서 쌓은 특기를 바탕으로 소셜 벤처 창업하기

디베이트포올(Debate For All)은 국제 토론 대회에서 한국인으로서 뛰어난 성과를 거둔 이주승, 노혜원 대표가 대학교 동기로 만나 2013년 토론 교육을 통해 교육 격차를 해결하고자 시작한 토론 전문 교육·문화 소셜 벤처이다. 이주승 대표는 어렸을 적부터 대학 시절까지 다양한 계층의 삶을 경험한 것이 계기가 되어 교육 격차 및 불평등 문제에 관심을 갖게 되었다. 다양한 방법을 고민하던 중 자신의 강점인 토론 교육을 사업화함으로써 이를 해결하고자 하였다. 디베이트포올(Debate For All)은 초·중·고등학교 교과목 수업이 팀 단위 발표와 토론이 중심이 되어 관련 사교육이 팽창하는 상황에서 누구나 접근할 수 있는 공교육 토론 프로그램을 개발·보급한다. 교육 소외 지역 교육 지원청, 지방자치단체, 학교의 청소년을 대상으로 대학생 토론자를 선발·훈련하여 사교육 대비 50% 수준의 가격으로 워크숍, 캠프, 방과 후 수업의 형태로 토론 교육을 제공한다. 즉, 소위 대치동 수준의 토론 교육의 질은 유지하면서 가격을 시장가 대비 2배 이상 저렴하게 책정할 수 있도록 구조를 설계함으로써, 지역과 부모님 소득에 관계없이 누구나 양질의 토론 교육을 받을 수 있는 것이다. 현재까지 국내외 29개 도시에서 20,000명 이상의 청소년과 2,500명 이상의 교사와 공무원에게 토론 교육을 제공하였다. 또한, 토론 문화의 정착을 위해 매년 10회 이상의 토론 대회를 개최하며 명실상부 아시아를 대표하는 토론 교육기관으로 자리매김하고 있다.

출처: 디베이트올 페이스북 공식계정

🎙️ 사례 12 〈OOO간 (공공공간)〉
미술학도의 전공을 살려 소외지역 재생을 위한
디자인 소셜 벤처 창업하기[41]

  창신동을 중심으로 지역재생을 위한 혁신형 사회적 기업 'OOO간'을 운영하고 있는 신윤예 대표는 지역 공동체를 살리는 다양한 프로그램으로 지역재생 사업의 롤모델을 제시해나가고 있다. 상당히 복합적이고 구조적인 문제에 접근하고 있는 OOO간은 사회적 기업가가 다룰 수 있는 소셜 이슈의 지평을 실천적으로 넓혀주고 있다.

  '소외지역 재생을 위한 커뮤니티 브랜딩'이라는 소셜 미션을 추구하는 OOO간은 예술 컨텐츠를 통해 지역 활성화를 도모하는 커뮤니티 기반 사회적 기업이다. 신윤예 대표는 한국의 산업 구조 개편에 따른 지역의 주변화와 이로 인한 공동체 해체 등에 따른 사회 문제에 주목하고, 이를 예술 활동과 관련지어 해결하고자 한다. 'OOO간'이 활동하는 창신동은 서울의 소외 산업 지역 중의 하나로, 1970년대 국내 봉제산업이 호황기였을 때 급속히 성장하였다가, 1980년대 이후 타 제조업과 마찬가지로 기업의 해외이전 등의 이유로 쇠락하기 시작했다. 이에 따른 지역경제의 침체와 노후화된 주거환경, 지역 아동의 교육 및 육아 문제는 지역이 직면한 주요한 사회 문제이다.

  'OOO간'은 창신동 봉제공장의 계절적 실업에 주목하고, '제로웨이스트'(ZeroWaste)라는 친환경 재단 기술로 제품을 생산하기도 하고, 봉제공장에서 대량으로 버려지는 자투리천을 활용한 아이디어 상품을 생산하여 판매하거나, 지역 어린이를 포함한 지역주민들에게 예술 체험 프로그램을 제공하고 있다.

---

41) <강민정 (2015), "혁신형 사회적기업 창업을 위한 소셜이슈 분석과 기회탐색", 강민정 외, 『소셜 이슈 분석과 기회탐색 I』, 서울: 에딧더월드>에 소개된 사례를 재해석하였음.

   빈곤과 소외에 대한 문제를 '삶의 질'과 '공동체'를 회복하는 지역재생의 방법으로 접근하여, 빠른 경제 성장의 뒤안길에서 생산을 담당하고 있으면서도, 성장의 과실을 누리지 못한 지역 공동체의 팍팍한 삶에 활력을 불어넣는 방식으로, 그는 사회혁신가의 길을 가고 있다. 신윤예 대표는 같은 공간에서 다른 방식으로 꿈을 꾸는 새로운 종류의 젊은이다. 그녀는 오늘날 한국사회의 문제에 접근하는 방식이 다른 새로운 '종'(breed)이며, 바로 사회혁신가이다.

출처: 서울잡스
https://seouljobs.net/recruit/youth1514-1/

7) 정치적으로 각성하라 그리고 정치의 주인이 되라

   청년은 늘 사회운동의 중심이었다. 1960년대 4.19혁명을 거쳐 1980년대 6월 항쟁 그리고 2016년 촛불혁명에 이르기까지 한국사회 민주주의 발전의 역사에서 청년은 늘 주역이었다. 그러던 것이 2000년대 이후 우리나라 젊은이들은 자기중심적이며 정치사회적인 이슈에 대해 무관심하다는 비판에 놓이게 된다. 2010년을 중심으로 다시 변화가 나타나, 청년들의 정치 참여가 가파르게 증가하고 있으며 2016년에는 청년이 다시 촛불집회의 주역으로 전면에 나서게 된다.

한편, 최근 들어서는 정치적으로 진보적이어야 할 청년들이 여성, 노인, 장애인, 성소수자 등에 대한 혐오 정서를 재생산한다는 지적을 받고 있다. 그러나 청년들 사이에 일어나고 있는 극단적 행동이 극소수가 벌이는 이상 현상임에도 불구하고 청년 담론 전체에 대한 비난으로 지나치게 주목받고 있다는 해석이 있다. 일베(일간베스트)가 극소수이면서도 그 선정성 때문에 주목을 받았다면 2018년 들어 10분의 1로 방문자 수가 급감하고 극우 커뮤니케이션의 수단이 유튜브로 옮겨가는 것을 보았을 때, 청년들은 오히려 혐오 담론의 희생자일 가능성이 더 많다.

최근 들어 전체 투표율을 높이는 데 청년층의 적극적인 투표가 가장 큰 기여를 하고 있는 것으로 나타났다. 20대는 2007년 선거 당시 투표율이 절반에 그쳤으나 2017년 대선에서는 77%가 넘는 투표율을 보여주었다. 세계가치조사 결과 정치가 중요하다는 비율은 10% 내외로 우리나라의 청년들은 전 세계 청년들과 비슷한 수준을 나타냈다. 한겨레21에서 2015년 8월과 2016년 12월 각기 조사한 것에 의하면 불과 1년 사이에 15~34세 청년들 중 "평소 정치 및 사회문제에 관심이 많다"는 응답이 7% 이상 늘어났다. 이는 촛불혁명을 계기로 청년들의 정치에 대한 관심이 급격히 늘어났음을 보여준다.

이렇게 보면 2000년대 이후 청년들의 정치 참여가 줄어들었다는 비판은 청년들의 정치적 무관심보다는 정치적 무기력의 관점에서 현상을 해석할 필요가 있다. 전자는 청년들의 탈정치화의 원인을 청년들에게서 찾는 것이고, 후자는 청년들의 요구가 받아들여지지 않고 제도적으로 청년들의 참여가 배제되었을 때 나타나는 것이다. 새로 조성된 민주화 공간에서 청년들을 정치적 무기력에서 구해내고, 청년들의 진보성을 사회 발전의 동력으로 다시 세울 필요가 있다.

청년들의 사회참여가 부족한 근본적인 원인은 치열한 대학입시와 취업 경쟁으로 인해 사회문제에 눈을 돌릴 여유를 갖지 못하는 데 있다. 우리나라 청년들의 생활시간을 보게 되면 교육과 취업 준비 시간이 세계 최장 수준을 보여주고 있으며, 통계청 실시 사회조사에서도 청년들의 사회 및 단체 활동 참여율이 매우 낮고 갈수록 감소하는 추세를 보여주고 있다. '일'은 인류의 번영에 꼭 필요하다는 생각은 내면화된 진리일 뿐 아니라 지배계층 입장에서 볼 때 더없이 편리한 통제수단이기도 하다. 노동으로 점철된 인간의 삶이 정치로부터 멀어지게 만들었고, 과거에는 기성세대에 해당하던 이와 같은 현상이 오랜 청년 실업의 시대를 거치며 청년에게까지 일어나게 된 것이다.

노동에 매여 있고, 삶에 찌든 상태에서 정치는 사치이다. "그럼에도 우리는 점점 더 불안정한 상황으로 몰려가며, 점점 더 기업적인 성향을 갖게 된다. 우리는 살아가기 위해 돈이 필요해지고, 그래서 우리 자신을 마케팅하고, 동시에 두 가지 이상의 일을 하고, 집세를 내는 일에 스트레스를 받고, 식료품점에서 지출을 줄이려하고, 사람들과 어울리는 일을 네트워크화하려 한다. 대안이 될 만한 전략이나 방침을 찾을 시간적 여유가 없으며 그래서 정치적인 행동은 계속 뒤로 미룰 수밖에 없는 꿈이 된다"[42] 인간이 노동에서

---

42) Zamagni, S. and Bruni, L. (2004), *Economia Civile*, Bologna: Societa editrice

해방되어 삶의 여유를 갖게 되면 정치적인 관심은 자연스러울 수밖에 없다. 오늘날 청년들이 정치적 무관심의 세대가 되어 버린 것은 그들의 열악한 경제적 상황 때문이다.

청년들의 열악한 삶이 구조적인 문제일진대, 그 구조에 대한 문제제기는 정치로부터 나온다. 개인들이 하루하루를 성실하게 살아가는 것과는 무관하다. 지금처럼 청년들이 이전 세대가 만들어 놓은 성실한 노동과 소비사회의 부속품으로 길들여진다면, 청년들에게 미래는 없다.

청년들은 기성 세대가 만들어놓은 체제 속에 무한경쟁을 당연시 하고, 형식적 공정성과 같은 지엽적인 원칙에 매달릴 것이 아니라, 스스로 일자리를 만들어내고, 정치적 각성을 통해 이와 같은 현실을 구조적으로 바꾸어내야 한다. 정치적 각성은 개인적으로 정치에 대한 관심을 갖고 관점을 확립해나가는 것에서 시작하여, 청년 조직을 통해 정치적 목소리를 내는 것으로 힘을 가져가는 것이 중요하다.

다른 한편으로는 청년들이 지역 정치에 직접적으로 참여하는 것도 좋겠다. 정치는 청년들에게 좋은 직업적 대안도 될 수 있다. 지방자치시대에 청년들이 정치를 통해 직업을 얻을 수 있는 공간은 열려있는 편이다. 공무원 시험을 통해 9급 공무원에 도전하기보다, 생활 정치를 통해 지방자치시대의 다양한 공간을 청년의 공간으로 만들어보자. 중앙 정치 무대에 갑자기 나갈 수는 없을 테고, 지역의 다양한 시민 운동 단체에서 일하고, 그 경력을 바탕으로 군 단위, 시 단위 등의 지방 의회나 지방자치제의 선출직에 도전해보자.

il Mulino [제현주 역, 『21세기 시민경제학의 탄생』, 서울: 북돋움, 2015], p.73

2018년 지방선거에서 30대 초반 여성이 구의원에 당선되었다. 이를 두고 말이 많았다. '아무나 구의원이 되나?'가 비난의 주요 내용이었다. 그 구의원의 경력은 대학 다닐 때 동아리 회장이 다였다고 한다. 나는 그 기사를 보고 오히려 생각했다. 그게 어때서? 왜 그 많은 대학생들은 구의원에 도전하지 않는가? 그 구의원의 경력이 동아리 회장이었다면 적어도 대학 다닐 때 대학생활을 알차게 하려고 노력하고, 친구들의 의견을 모아 봉사활동을 하거나, 리더십을 발휘했을 그녀의 20대가 떠올랐다. 그런 친구들이 구의원을 하면 안 되나?

청년들이 정치에 대한 생각을 바꿨으면 좋겠다. 대학 시절부터 지역문제, 사회문제에 관심을 가지고 친구들과 해결방안을 찾고 노력했던 학생이라면, 졸업할 때 그 모든 것을 접고 노량진 골방으로 가지 말고, 자신의 정치적 성향과 맞는 정당에도 가입하고, 그 지역에서 선거도 돕고, 구의원이 되고 시의원이 되고 국회의원이 되는 모습이 보고 싶다. 정치인도 직업이다. 대학교수가 어느날 갑자기 국회의원이 되는 것보다 청년들이 훨씬 일도 잘하고, 지역의 사정에도 밝아 지역 발전에 도움이 될 것임을 확신한다.

03 청년 창업을 위한 혁신 플랫폼 / 교육 / 안전망

1) 혁신 창출 시스템으로서의 창업 플랫폼 조성

청년 창업 지원 방식을 보게 되면 아이디어가 있는 청년들로 하여금 팀을 이뤄서 진행하게 하고 이를 측면 지원하는 경우가 많다. 창업 지원 프로그램과 공간과 자금 지원에 더하여, 청년들의 창업이 혁신적 비즈니스 모델이나 사업 아이템을 개발하여 경쟁력을 가질 수 있도록 특별한 혁신 창출 시스템을 조성할 필요가 있다. 혁신 창출 시스템이란, 혁신적 협업 아이디어를 모집하고, 공동 프로젝트로 이를 수행하면서 조직간 협력 시스템을 구축하여 제품과 서비스를 개발하여 상품화하고 이에 대한 사업화 및 성과배분이 이루어지는 일련의 혁신 창출 과정을 의미한다.

소셜 벤처의 경우 서울혁신파크나 성수동 소셜 밸리에서는 이와 같은 활동이 실험적으로 이루어진다고 할 수 있으나, 보다 광범한 형태의 혁신 창출 과정이 지역단위, 조직단위 등에서 이루어질 필요가 있다.

사회적 경제계의 혁신 창출 시스템으로 '리빙랩(Living Lab)'을 들 수 있다. 리빙랩은 '살아있는 연구실'이라는 의미로, 사용자들이 생활하는 실제 현장(real life setting)에서 니즈를 반영하여 기술혁신을 수행하는 '사용자 주도형 개방형 혁신 모델'(user-driven open innovation model)을 의미한다. 2006년 유럽연합(EU)에서 시작되어 한국에 도입된 이후 현재 시행 초기 단계로, 그 개념이 폭넓게 해석되고 다양한 실험이 진행되고 있다. 중앙부처, 지자체 등에서 제품·서비스 개발, 공공 인프라 조성, 지역사회혁신 및 지역문제 해결을 위해 리빙랩 방식을 폭넓게 활용중이다.[43]

국내의 대표 리빙랩 사례로 서울 동작구의 성대골 에너지 전

---

43) 성지은 외, '국내 리빙랩 현황 분석과 발전 방안 연구', 『정책연구』, 과학기술정책연구원, 2017.9.

환, 종로구 북촌 IoT 사업, 경기도 성남시 성남시니어리빙랩 등이
있고, 강원도의 경우 춘천사회혁신센터에서 다양한 사회문제 해결
을 위한 '소셜 리빙랩'을 진행 중이다.

리빙랩은 사회혁신 아이디어를 가진 청년 소셜 벤처가들의 활
동을 지원해주는 형식을 넘어, 광범한 사회혁신 프로젝트에 다양한
아이디어를 가진 청년들을 초대하여 실험하고 성장시킬 수 있는 플
랫폼으로 작동하여야 한다. 다른 한편으로, 리빙랩 프로젝트를 통
해 성장한 청년들이 자신의 아이디어를 사업화하는 과정에서 체계
적인 지원과 성과 배분이 이루어지도록 하는 것이 중요하다. 청년
들이 다양한 사회혁신 현장에서 리빙랩을 통해 소셜 벤처가로 성장
하는 모습을 보고 싶다.

다음은, 전 세계에서 이루어지고 있는 청소년과 청년들의 창업
역량을 키워주고 지원해주는 다양한 프로그램 사례들이다.

🎤 사례 13
21세기 역량을 키워내는 해외 프로그램들

영국의 〈엔턴십〉(Enternships)은 '청년 실업에 대응하려면 개방형 소스
접근법을 취할 필요가 있다'는 철학을 바탕으로, 채용 여부에 관계없이 일
자리에 지원하는 과정을 통해 모든 지원자들이 스타트업이나 중소기업에서
실무경험을 쌓을 수 있도록 한다. 대학생과 스타트업을 이어주는 징검다리
로, 2009년부터 6,000개가 넘는 스타트업과 중소기업이 재능있는 인턴과
졸업생을 찾도록 도와주고 있다.

미국의 〈오퍼레이션 홉〉(Operation HOPE)은 '경제평등권'을 기치로,
'우리가 사는 공동체 안에서 비즈니스 롤모델의 비중을 늘리라'고 주장한다.

꿈을 잃은 청소년들에게 창업, 금융지식과 아이디어 창출의 기회를 주고, 이들이 안정적 삶을 살아갈 수 있도록 도와준다.

〈아라브러너〉(Arabreneur)는 중동 지역에서 청년 창업 생태계를 조성하는 창업 엑셀레이터이자 투자 펀드이다. 청년들이 자기 회사를 창업하도록 북돋우고 투자자들로 하여금 지역 경제를 지원하도록 유도한다. 오아시스 벤처스 펀드, 쿠웨이트 중소기업 펀드, 스타트업 부트캠프, 바이털 보이스, 셰리 블레어 재단 같은 다양한 유관 기관과 협력하고 있다. 아라브러너는 다양한 파트너십을 통해 250개가 넘는 스타트업 기업에게 멘토링을 제공했고, 이들 기업은 600개가 넘는 일자리를 창출했다.

〈엘가잘라 테크노파크〉(Elgazala Technopark)는 북아프리카의 모로코, 알제리, 튀니지 지역에 최초로 개설된 기술 허브로서, 인큐베이터와 연구센터, 국내기업 및 다국적 기업, 정부기관들까지 모든 유관 단체와 기관을 한곳에 모이게 해 창업 생태계를 조성하고, 서로 다른 이해관계자들 사이에서 나오는 시너지 효과를 활용하여 수천 개 일자리를 창출하려는 계획을 세웠다. 소속 직원의 70%가 엔지니어링 분야에서 석사나 그에 준하는 학력을 지닌 엘가잘라 테크노 파크는 최초 설립 후 10년 만에 2,000개가 넘는 일자리를 성공적으로 창출했다.

2) 창업가를 키워내는 대안적인 교육 시스템

EU에서 정의한 21세기 필요 역량(competencies)

EU는 일찍이 사회변화에 대비하여 교육이 담아내야 할 21세기에 필요한 역량을 다음과 같이 정의하고 있다.[44]

---

44) http://www.young-adulllt.eu/glossary/detail.php?we_objectID=200

항목	정의
커뮤니케이션 역량	개념, 생각, 느낌, 사실관계와 의견을 글과 말로 표현하고 해석하는 능력
외국어 커뮤니케이션 역량	외국어에 대해서도 위와 같은 능력이 필요
수학적 능력과 과학기술 기초역량	① 매 순간의 문제해결에 수학적인 사고를 하는 능력 ② 세계를 설명하고 문제를 확실히 하고, 이를 해결하기 위한 과학기술적 방법론
디지털 역량	일, 여가, 커뮤니케이션을 위해 Information & Communication Technology를 사용하는 능력
지속적 학습 역량	학습을 지속하기 위한 능력
사회적, 시민사회적 역량	개인 간/문화 간 친숙도
삶의 주도성과 기업가정신	아이디어를 실행으로 옮기는 능력
문화적 자각과 표현력	아이디어, 경험, 감정을 창의적으로 표현하는 능력

학교 교육에서의 창업교육의 중요성

학교 교육에서 창업 교육을 한다는 것은 어린이들부터 체제 내에 순응하는 교육이 아닌 창업가 교육을 하고 창업을 실험하도록 유도한다는 의미이다. 앞으로는 많은 어린이들이 기존 체제 내에 편입하여 취업하기보다는 실업의 상태를 경험할 것이기 때문에, 조직노동자의 삶보다는 작더라도 자기 비즈니스를 하도록 유도하는 것이 필요하다.

학교 교육에 창업 교육을 도입하게 되면 21세기 직업 세계에 필요한 거의 모든 기술들, 이를 테면 협상능력, 경제지식, 발표 기술, 문제해결 능력 등을 한꺼번에 가르칠 수 있다. 창업교육을 받은 청소년들은 어린 시절부터 인생에서 이루고 싶은 꿈에 관해서 좀 더 구체적으로 고민하고, 만약 창업이 자기 목표가 아니라는 판단이 서게 되면, 자신과 거리가 먼 꿈들을 지워가면서 꿈의 범위를 좁힐 수 있다. 창업 교육은 청소년들이 학교에서 배운 내용을 입체적으로 이해하도록 돕고, 실패를 수용하고 견디는 법도 배우게 한다.

먼저, 어린 시절부터 기업가정신을 접하고 경험해보는 것은, 기업가정신이 21세기형 역량 체계에서 큰 부분을 차지한다는 점에서 가히 필수적이라고 할 수 있다. 둘째, 어린이들에게 비즈니스의 다양한 측면들을 재미있는 방식으로 (행동에 의한 학습) 가르쳐준다. 셋째, 직업세계에서 중요한 역할을 하는 실무 기술들, 즉, 협상 기술, 경제관련 지식, 발표 기술, 문제해결 능력을 익히도록 해준다. 넷째, 어린이들이 자신의 열정과 재능을 발견하고 발전시키도록 돕는다. 다섯째, 어린이들이 비즈니스 세계를 경험하고 나면, 수업 내용을 비즈니스적으로 응용하는 능력을 키워준다. 여섯째, 어린이들에게 실패에 관한 교훈을 준다.

어린이와 청소년의 기업가정신 증진을 위해서는 전 사회의 구성원들이 공동으로 협력하는 체계, 즉, 창업 생태계가 조성되어야 한다. 여기에는 학부모, 교육자, 정책입안자, 기업에 이르기까지 다양한 이해관계자들의 참여가 필요하다.

🎤 사례 14
이탈리아의 이노베이션짐(InnovationGym)[45]

'InnovationGym'은 이탈리아의 '세계디지털재단'(Fondazione Mondo Digitale)이 진행하는 프로그램으로서, 과학기술, 산업환경의 변화에 따라 일자리 창출의 패러다임이 변화하고 있는 환경에서, 자라나는 세대에게 새

---

45) 이탈리아 InnovationGym을 추진하고 있는 알폰소 몰리나(Alfonso Molina) 교수와의 직접 인터뷰를 통하여 자료를 수집함

로운 형태의 역량을 키워주기 위한
것이다. 전 생애에 걸친 교육 프로그
램을 전환(transformation)하여야 한
다는 철학 하에, '자기기업가정신을
위한 새로운 교육(new education
on self-entrepreneurship)'을 주창
하며, 이에 걸맞은 교육 컨텐츠, 공간,
실습 활동을 포괄하고 있다. 2014년

출처: InnovationGym
https://www.innovationgym.org/

4월부터 로마 시에서 진행하고 있는 프로그램으로서, 2016년 11월, 110
개 학교를 네트워크로 묶어서 프로그램을 보급 중이다. 새로운 시대 새로운
삶을 위한 역량을 정의하고, 이러한 삶을 뒷받침하기 위한 교육의 핵심적인
기능을 정의하였으며, 필요한 생태계의 조성을 통해 창업 교육을 성공적으
로 학교 교육에 접목한 사례로 주목된다.

'InnovationGym'은 '학교 교육'에 초점을 둔 프로그램으로서, '학교'가
더 이상, 조직에 순응하고 대기업에 취업하는 것을 성공의 기준으로 여기는
현재의 교육 패러다임에 안주하는 것이 아닌, 21세기의 새로운 인재상을
적극적으로 키워내는 공간으로 변화시킬 수 있는 계기로서, 이탈리아의 교
육에 혁신적인 변화를 가져오고 있다.

🎤 사례 15
영국 초등학교의 사회적 기업 학교(Social Enterprise School)[46]

사회적 기업 학교(Social Enterprise School)는 영국 스코틀랜드 청년

---

46) Sandra Ewen, Social Enterprise Academy의 Chief Future Officer와의 직접 인
터뷰를 통하여 자료를 수집함

들의 사회적 기업 창업을 교육하는 기관인 Social Enterprise Academy
의 도움을 받아 진행하고 있는 초등학교의 사회적 기업 창업 프로그램이다.
스코틀랜드는 사회적 기업이 일찍부터 발달한 곳으로 청년 사회적 기업가
들이 경제 활동과 공동체의 이익을 향상시키는 활동에 많이 참여하고 있다.
2007년 시작된 사회적 기업가 아카데미 프로그램은 2016년 700개의 대
학, 1,500명의 교사가 참여하여 중등, 초등학교에 걸쳐 제공되고 있다. 모
든 스코틀랜드 청년들이 사회적 기업가가 되기를 바라기보다는 이 교육을
통해 각자의 미래를 준비하도록 하는 데 의의를 두고 있다. 즉, 공동체를
위한 사업과 사회적 목적을 위한 투자를 통해 더욱 강한 공동체를 만들고
자 하며 그 속에서 자신의 커리어에 대한 비전을 수립하도록 한다.

사회적 기업가 아카데미는 실제 교육 현장에서 교사가 활용할 수 있는
교육 과정을 만들어 향후 국가 교육과정으로 발전시키고자 노력 중이다. 학
생들이 이 과정을 이수하는 중에 자신의 능력을 개발하고, 자신이 어떤 일
을 잘할 수 있는지 발견하도록 돕는다. 2016년 32개 초등학교 7만 5,000
명의 학생들이 Social Enterprise School 프로그램을 통해 교내에서 직접
사회적 기업을 창업하는 프로그램에 참여하고 있으며, 어린이들은 창업 교
육을 통해서 다양한 스킬을 얻게 될 뿐만 아니라 소속감을 얻게 된다. 그리
고 이 과정에서 진학, 창업, 취업 등 다양한 미래를 설계하는 데 도움을 얻
는다.

3) 청년 창업을 지켜주는 안전망

청년보장제

유럽집행위원회(European Commission)의 청년보장제(young
guarantee)는 2013년부터 유럽연합에서 추진중인 대표적인 청년정책
이다. 25세 미만 청년들이 실직하거나 학교 졸업 후 4개월 이내에

취업이나 교육훈련을 제공하는 고용 프로그램으로서, 대표적인 우산정책(umbrella policy)이다. 이탈리아는 극심한 청년실업 문제에 대응하기 위하여 35세 이하 청년을 위한 회사[47])를 만들어내기도 하였다.

프랑스 청년정보문서센터(CIDJ: Centre d'information et de documentation pour la jeunesse)

파리의 청년정보문서센터는 청년을 위한 다양한 복합서비스를 제공한다.[48]) 우선 제일 입구에서 문화와 예술 활동에 관한 정보와 활동 지원 정보를 안내하는 창구와 만나게 된다. 이곳 옆에는 파리시의 주거에 대한 정보와 주거수당을 지원받는 절차를 소개받고 가입서류를 작성하는 창구가 있다. 주거 창구 옆에는 실제 변호사가 상주하면서 청년들을 위한 법률상담을 제공하는 창구가 있다. 법률 창구 옆에는 유럽 연합 지역간의 교류와 유학, 자원봉사, 워킹 홀리데이 등을 다루는 창구를 만나게 된다. 가장 큰 규모의 창구는 1층에 위치한 창업 부스와 2층에 위치한 취

출처:
https://www.paris.fr/pages/les − points − information − jeunesse − et − le − cidj − 15470

---

47) Vogel, P. (2015), *Generation Jobless?: Turning the youth unemployment crisis into opportunity*, Palgrave Macmillan [배충효 역, 『청년실업 미래보고서』, 서울: 원더박스, 2016].
48) 김기헌 (2018), 『청년프레임』, 서울: 이담.

업 부스이다. 이곳은 취업이나 창업에 대한 상담은 물론 청년수당과
같은 지원 내용을 안내 받으며 신청서류를 작성하는 곳이다. 이 부
스에는 CIDJ 직원도 있지만, 노동청의 직원, 이민 청년 지원청 직원
등이 파견 나와서 업무를 수행한다. 청년이 정책대상이지만, 50대가
방문해도 상담이 가능하다.

기본소득으로 선택의 자유를[49]

청년 김용균의 죽음으로 2019년 벽두에 많은 사람들이 충격과
분노를 경험했다. 그는 오늘을 사는 보통의 청년이었기에 사람들의
충격과 분노가 더 컸다. 그는 전문대 졸업 후 군대를 다녀와 아르
바이트와 구직활동을 하면서 수십 번의 좌절을 겪었다. 청년실업과
고용불안이 심각한 우리 사회가 그에게 허락한 일자리는 위험하고
어두운 곳이었다. 그를 위험한 작업장으로 들어가게 한 것은 미래
에 대한 불안과 그 불안을 담보삼아 위험을 감수하게 하는 비정규
직이라는 제도였다.

'내가 정말 하고 싶은 것이 뭔지 찾고 싶다'는 새로운 세대가
등장하는 전환기에 청년 김용균의 죽음은 과거로의 회귀였다. 김용
균도 자신의 일과 삶에 대한 탐색의 시간과 자유를 가질 수 있었다
면 얼마나 좋았을까.

국내 청년정책 추진체계는 중앙정부보다 지방정부에서 보다
적극적으로 추진되어 중앙 정책에 영향을 미치는 구조다. 서울시에
서 제정한 서울특별시 청년기본조례는 청년정책을 대상 중심 정책

---

49) <강민정, "기본소득으로 선택의 자유를", 국민일보, 2019.2.15>을 바탕으로 재
구성

의 특성에 맞게 고용만이 아니라 청년들의 정치와 경제, 사회와 문화 영역을 모두 포괄하여 제시하고 있다.

기본소득은 국가가 모든 사람에게 조건 없이 정기적으로 소득을 지급하자는 아이디어다. 기본소득은 사람들에게 모두 똑같은 수준의 임금을 매월 지급하고 대신 소득 분위에 따라 누진세를 부과한다. 만약 이 정책이 실현만 가능하다면, 우리의 생활세계에 엄청난 변화를 가져올 것이다. 미국 실리콘밸리에서 창업 엑셀러레이터로 유명한 Y컴비네이터가 2016년 기본소득 실험을 시작했다. 성남시도 그 해 지역화폐를 활용하여 청년수당을 지급한 바 있다. 서울시도 6개월간 매월 50만 원을 지원하는 형태로 청년수당을 같은 해부터 실험해 왔는데, 그간 1만 5,183명이 지원했고 정책 만족도가 98.8%였다. 10개월 추적조사 결과를 보면 청년수당을 받은 이들 중 취업·창업한 비율이 40.8%였고 진로 결정을 한 비율은 87%였다. 경기도는 2019년 청년 기본소득을 지급하기 시작하였다.

기본소득은 4차 산업혁명이 가져올 변화로 인해 구조적으로 발생하는 고용 위기에 대처하는 방안이 될 수 있다. 최근 교육부 조사에서 초등학생 장래희망 5위에 등장한 유튜브 창작자처럼 고정된 일터와 수입이 보장되지 않는 노동을 받쳐주는 제도적 장치이기도 하다. 기본소득은 불안정한 노동의 시대를 살아내는 사람들의 삶을 떠받쳐줄 가장 확실한 수단이다. 전환의 시대를 견뎌가며 자신의 삶을 설계하고 새로운 일을 정의해나가는 청년들에게 진정한 선택의 자유를 줄 수 있다.

청년들에게 지역혁신 비즈니스 등 다양한 일의 대안을 모색하고 도전하라고 말할 수 있으려면, 우리 사회가 먼저 그들의 불안을 떠안을 수 있는 구조를 마련해야 한다. 이렇게 말할 수 있는 날을 앞당겨야 한다. "내가 도와줄게 도전해봐. 불안해할 것 없어. 기본 소득이 있잖아!"

04 자기 기업가정신과 사회적 기업가정신 그리고 청년의 미래

1) 자기 기업가정신(Self-Entrepreneurship)과 청년의 미래

'자기 기업가정신'(self−entrepreneurship)은 이탈리아의 Innovation Gym을 보급한 사회혁신가 알폰소 몰리나(Alfonso Molina) 교수[50]가 주창한 개념으로서, 장기화되고 있는 청년실업의 시대에 청년들이 갖추어야 할 역량으로서 제시한 것이다. 기존의 기업가정신이 기업의 지원 등 시스템적으로 일어날 수 있는 것이었다면, 21세기 기업가정신은 청년들 개개인이 스스로 자신의 일과 삶의 대안을 찾는 과정과 밀접히 연관되어 있다.

자기 기업가정신은, 하고 싶은 일, 잘 하는 일을 하되 사람들이 어디서 더 많은 가치를 찾을 것인지에 대한 방향의 변화, 다시 말해 세상을 보는 관점을 가지는 것에서 시작된다. 자기 기업가정신을 통해 청년들은 다양한 형태의 창업에 도전할 수 있는데, 창업은 자신이 이루고자 하는 꿈에 다가가기 위해 수많은 의사결정과 실행을 반복적으로 하는 것이다. 이 과정을 해내기 위해서는 그 사

---

50) 자기 기업가정신 관련 논의는 Alfonso Molina 교수와의 인터뷰를 기반으로 작성되었음

업이 자신과 사회에 어떤 의미가 있는지에 대해 성찰하고 자기 확신을 가지는 것이 중요하다. 이를 위해 성공에 대한 나만의 정의가 필요하다. 나는 왜 창업을 하려고 하는가? 기존의 시장 중심의 질서 속에서 선택한 창업이 아닌 나의 삶의 가치와 결합된 창업이라면 성공의 의미는 다를 수 있다. 내 삶과 일의 대안적 가치를 놓고 나만의 정의를 해나갈 필요가 있다.

창업을 하기에 적합한 사람이란 없다. 자기 기업가정신은 처음부터 이러한 전제를 부정하는 개념이다. 미국의 경영 컨설턴트 짐 콜린스(Jim Collins)의 『좋은 기업을 넘어 위대한 기업으로』(Good to Great)는 지속적으로 성장하는 기업의 경영자에 대한 이야기가 나온다.[51] 지속성장 기업의 경영자는 겸손하면서도 내성적으로 보이는 사람들이 많다고 한다. 재임기간 중 월등한 실적을 거둔 킴벌리 클락(Kimberly-Clark)의 다윈 스미스(Darwin Smith), 질레트(Gillette)의 콜먼 모클러(Coleman Mockler), 필립모리스(Philip Morris)의 조지프 컬먼(Joseph Cullman) 등은 대부분 '조용한, 자신을 낮추는, 겸손한, 조심스러운, 수줍어하는, 정중한, 부드러운' 등의 표현이 적합했다고 한다. 그래서 그는 "성공 기업의 경영자는 이중적이다. 겸손하면서도 의지가 굳고 변변찮아 보이면서도 두려움이 없었다. 그래서 우리는 이를 5단계의 리더십, 개인적 겸양과 직업적 의지를 역설적으로 융합하여 지속적으로 큰 성과를 일구어 내는 리더라고 명명한다"고 하였다.

벤처기업들이 성공하는 데는 평균적으로 5년에서 7년이 걸린

51) Collins, J. (2001), *Good to Great*, Harper Business [이무열 역, 『좋은 기업을 넘어 위대한 기업으로』, 서울: 김영사, 2002].

다고 한다. 그 가운데 돈을 목적으로 시작한 사람들은 3년 정도 해서 수익이 안 나면 대부분 그 시점에서 포기하고 떠나버린다. 그런데 원래 돈이 목적이 아니라 일의 가치와 의미를 부여하는 사람은 3년 이상 계속 사업을 해나가기 때문에 결국 성공하는 확률이 높다고 한다.

2) 사회적 기업가정신

여기에 청년들이 눈여겨보아야 할 것이 바로 '사회적 기업가정신'(Social Entrepreneurship)이다. 2019년 고용노동부에서 발표한 사회적 기업의 인증 이후 3년 생존율은 90.5%로 일반 기업의 3년 생존율 38 %에 비해 월등히 높은 편이다.

사회적 기업가정신(Social Entrepreneurship)은 기존의 제도적 접근이 실패한 곳에서 사업 기회를 찾아내 기존 구조에 도전하는 개인, 조직, 네트워크의 산물을 통합적으로 일컫는 개념이다. 사회적 기업가정신을 구현하는 사회적 기업가는 사회적 문제(Problem, Challenge)를 혁신적 해결책(Solution)을 통해 해결하려고 노력하며, 그 결과로 사회적 가치를 창출하고 사회에 긍정적 영향(Impact)을 미친다. 사회적 기업은 '사회혁신(Social Innovation)을 추구하는 과정에서 잠재된, 실현되지 않은 사업기회를 발견하여 이를 포착하는 사업 모델'을 구현하고, '경제, 사회, 환경이라는 혼합 가치를 추구(Blended Value Proposition)' 함을 본질적인 특징으로 한다.

사회적 기업은 사회혁신을 추진하기 위하여 혁신형 사업 모델을 수립하고 이를 실현하는 과정에서 경제적, 사회적 가치를 동시에 추구한다. 사회적 기업은 사회 문제를 해결하는 과정에서 사업적 측면을 동시에 추구할 수 있다는 점에서 청년들의 '자기 기업가정신'을 구현하는 좋은 방법이다. 여기서 사회적 기업은 하나의 롤모델이며, 청년들의 '자기 기업가정신'은 더욱 다양한 형태로 뻗어나갈 수 있다.

사회적 기업가는 창의적 실천가

사회적 기업가에게 사회 문제에 대한 새로운 문제해결이나 대안적 가치를 제시하는 일은 '혁신적 사업모델'을 통해 구현된다. 그러한 의미에서 사회적 기업가에게는 '창의적 사고력'이 중요한데, 창의적 사고력(Creativity)은 주어진 문제나 현상에 대해서 기존과는 다른 접근과 유연한 사고를 통해 다른 사람들이 보지 못하는 문제해결의 새로운 단서를 찾아내는 능력을 의미한다. 여기서 혁신성이란 새로운 제품, 서비스, 기술적 프로세스를 창출하기 위해 새로운 아이디어, 참신성, 실험, 창조적 과정을 지원하는 기업의 성향으로, 데이비드 본스타인(David Bornstein)은 사회적 기업가란 '기존의 틀을 벗어나려는 의지'가 있다고 정의한 바 있다.

사회적 기업가를 지원하는 미국의 아쇼카 재단도 사회적 기업가의 중요 자질로 무엇보다 새로운 아이디어(A New Idea)를 강조한다. 사회 문제를 해결할 수 있는 새로운 해결안(solution)이거나 아니면 이를 고안해 낼 수 있는 새로운 접근(approach)을 제안할 수 있어야 하고, 성공적인 사회적 기업가라면, 목표와 비전 설정뿐만 아니라 그 비전을 현실화하는 수준에서도 역시 창의적이어야 한다고 강조한다.

'창의적 사고력'은 근본적인 측면에서 문제의 원인이나 현상에 대해 생각하고, 틀 밖에서 여러 각도로 새로운 옵션과 가능성을 탐색하여 상황을 새롭게 살펴 볼 수 있는 능력으로, 주어진 가이드나 관련 정보가 부족한 불완전한 상황에서도 해결책을 찾아내고 과제에 대한 그림을 완성해 나갈 수 있는 원동력이 된다. 정부나 시민사회가 담당해오던 사회문제를 시장 안에서 해결하는 과제를 안고 있는 사회적 기업가에게, 혁신성은 이러한 모순된 현상을 해소하기 위한 출발점이며, 이는 창의적 사고력에 기반한다.

미국 듀크대학교의 그레그 디즈(Gregory Dees) 교수는 종래 혁신의 경우, 새로운 제품이나 기술의 발명에서 시작되곤 했으나, 사회적 기업가의 경우 본인 스스로 발명가가 될 필요는 없으며, 오히려 다른 사람들이 발명해 놓은 것들을 창의적으로 적용하고 응용할 수 있어야 함을 지적하고 있다.[52]

사회적 기업가의 소셜 미션

소셜 미션(social mission) 즉, 사회적 소명의식은 일반 영리기업의 창업가와 사회적 기업가를 구분짓는 핵심적인 차이점으로, 사회적 기업가의 존재 이유이자 중요한 활동 역량이다. 소명의식은 개인이 자신의 일에 대해 가지는 인식 중 하나로, 일에 있어서 자신의 역할을 깨닫고, 그 속에서 의미와 목표를 추구하며, 그로 인해 사회의 공공선에 긍정적인 영향을 미치려는 태도를 의미한다. 사회적 기업가는 또한 수익 창출에 대하여 사회적 가치 추구를 위한 수단으로 여기고, 사회적 가치 창출을 우선으로 한다는 점에서, 소셜 미션은 사회적 기업가의 핵심 역량이자 존재이유가 된다.

---

52) Dees, G. (2001), *The Meaning of "Social Entrepreneurship"*, http://www.caseatduke.org/documents/dees_sedef.pdf.

소셜 미션은 특정 비전에 대한 의식 차원을 넘어, 사회문제를 이해하고 통찰하는 능력과 문제 해결에 대한 구체적인 아이디어를 기반으로 한 의지를 의미한다. 사회적 기업가는 소셜 미션에 대한 명확한 상(像)을 가지고 있으며 이에 대한 분명한 소명의식을 바탕으로, 사회문제를 인식하고 이를 어떻게 접근하여 풀어나갈지에 대해서 이해하고 있으며, 애초에 문제를 일으키는 사회적 시스템을 이해하고 이를 바꾸기 위해 문제의 이면에 초점을 맞출 수 있는 능력을 갖추어야 한다.

그레그 디즈는 사회적 기업가를 '사회적 소명(missions)'을 달성하기 위해 기업가적 혁신성과 추진력을 겸비한 아주 특별하고 예외적인 존재(a Rare Breed)로 규정하였다. 사회적 기업가는 일반적 기업가와 마찬가지로 사명을 다하기 위해 가차없이 새로운 기회를 활용하며, 지속적으로 혁신을 추구하며 새로운 환경에 적응하기 위해 적극적으로 학습 과정에 참여하는 특징을 보인다. 현재의 자원에 제약되지 않고, 대담한 행동을 구사하며, 이룬 성과와 그 관련자들에 대해서는 높은 수준의 책임감(accountability)을 지닌다. 다만, 사회적 기업가는 사적 가치(private value)가 아닌 사회적 가치(social value)를 창출하고 유지하는 것을 자신의 비전으로 삼으며, 이를 통해 사회의 체계적 변화(systemic change)를 목표로 한다는 점에서 일반 기업가와 차이가 있다. 캐나다 로트먼 경영대학원 로저 마틴(Roger Martin) 교수와 스콜재단 CEO 샐리 오스버그(Sally Osberg) 역시 그레그 디즈(Greg Dees)와 마찬가지로, 역량 면에서 기업가정신에서 말하는 성공적인 기업인들과 사회적 기업가가 다르지 않지만, 기존 사회제도 또는 시장에서 소외되어 있는 사람들을 위한 가치 창출을 대규모로 실현하여 사회 전체의 개선 또는 사회혁신적 혜택의 확산을 의도한다는 점에서 일반 영리기업가들과 차이가 있다고 본다.

사회적 기업가로서의 역량 키우기

사회적 기업가로서의 역량이 길러지고 채워지는 것이라면, 사회적 기업가로서 성장하고자 하는 사람은 많은 경험을 마다하지 말아야 한다. 사회적 기업가를 키우는 기업가정신 교육은 행동 지향적이고, 경험을 중시한다.

미국 산타 클라라 대학의 밀러 센터(Miller Center for Social Entrepreneurship)에서는 실행 연구(action research)를 활용하여 예비 기업가, 기존 기업가, 촉진자들이 함께 상호작용하며 문제를 해결하고 발견해가는 '서비스 러닝'(service learning)을 도입하여, 지역 사회의 문제에 대하여 학생들이 컨설팅을 수행하는 경험을 제공하는 형태로 사회적 기업가정신 교육에 활용하고 있다.

카이스트(KAIST) 사회적 기업가 MBA에서는 2013년 해외현장 연수에서 이러한 서비스 러닝 프로그램을 진행한 바 있다. 학생들은 저개발국 현지 공동체를 방문하여 사회문제 해결에 참여하고 현지의 비영리단체나 사회적 기업을 직접 컨설팅하는 경험을 가졌다. 이 프로그램은, 방문 전 현지 수요조사(Needs Analysis), 타당성 조사(Feasibility Analysis) 등의 사전 조사를 거치고, 현지에서 프로젝트 실행(Project Launch), 지지(Support), 외부확산(Expansion)의 활동을 진행하였다. 프로젝트 종료 이후에는 최종 평가(Evaluation)를 통해 앞으로의 개선과제들을 도출하였다. 2013년 여름 학기에는 라틴 아메리카의 니카라과(Nicaragua)를 방문하여 솔콤(Solcom) 등 현지 사회적 기업의 사업 운영에 대한 컨설팅을 수행하고, 아판(APAN), 아미틀란(AMICTLAN)과 같은 현지 비영리단체와 함께 환경 보존 등 지역 문제에 대한 해결 방안을 함께 모색해 보는 시간을 가졌다. 저개발 국에서의 활동 경험을 통해, 학생들은 사회문제에 대한 새로운 관점의 해결책을 고민하고 제안하는 경험을 가질 수 있었다.

한림대학교 사회혁신경영전공에서도 3학년 교육과정에 '사회혁신 서비스 러닝 – 캡스톤디자인' 과목을 열고 있으며, 학생들이 서비스 러닝 방식으로 지역사회 문제 해결에 참여하도록 하고 있다. 밀러 센터(Miller Center)와 같이 1년에 걸쳐 해외 사회적 기업을 지원하는 정도는 아니라도, 사회적 기업들이 사회문제를 해결하는 현장을 함께 함으로써, 체험을 통해 사회혁신가로서의 역량과 자질을 향상시키고 있다.

캡스톤디자인은 지역사회의 문제해결 과정에 학생들이 참여하여 신선한 아이디어를 제공하고, 학생들은 현장 중심의 문제해결 역량을 키워나가는 교육 방식이다. '사회혁신 서비스러닝 – 캡스톤디자인'에서는 학생들로 하여금 소셜 벤처와 협력하여 사회 문제 해결에 참여하도록 한다. 소셜 벤처는 사회문제를 혁신적 방법으로 해결하는 조직이기에 학생들이 자연스럽게 사회문제를 접할 수 있고, 소셜 벤처 창업과 경영을 이해하게 된다. 소셜 벤처가를 직접 만나는 과정에서 사회혁신가로서의 꿈을 키워가기도 한다.

사회적 기업가로서 성장을 꿈꾸는 청년이라면 자신이 풀고자 하는 사회문제를 다루고 있는 사회적 기업에서 인턴십 등을 통해 경험을 쌓는 것도 좋은 방법이다.

<한림대학교 사회혁신경영 전공의 사회혁신 워크숍 프로그램>

- 소셜벤처 ooo 간 워크숍(위 왼쪽)
- 소셜벤처 만인의 꿈 워크숍(위 오른쪽)
- 영월 석항트레인 스테이 워크숍(아래)

결론: 무엇을 할 것인가?

●

●

청년실업 해결에 대한 접근 방법을 바꿔야 한다

대학 진학률이 70%를 넘어서고 경제 침체로 많은 기업들이 무너지면서 대학 졸업장이 더 이상 안정적인 정규직 일자리를 보장해주지 않은 지 꽤 시간이 흘렀다. 모두 다 행복을 이야기하지만 행복이 어디인지 알 수 없는 시대, 승자독식의 시대에 탈락의 위험과 공포는 도처에 존재하고 재기의 기회는 좀처럼 주어지지 않는다. 비정규직과 계약직이 만연하여 고용의 질은 점점 나빠지고 노동으로부터의 해방이 아니라 노동세계로의 편입이 어려워지는 시대에 청년은 절망하고 냉소한다.

청년 실업 문제를 해결할 수 있는 방법은 무엇일까? 경기회복이 일어날 수 있을 가능성은 거의 없는 상태에서, 기존의 일자리 패러다임 속에서 청년 일자리를 보게 되면 답이 없다. 청년 실업 문제의 해결은 일자리 패러다임의 변화를 의미한다. 즉, 새로운 시대에 맞게 일자리를 새롭게 인식하거나, 새로운 시대에 걸맞은 일자리를 창출하거나, 정부 정책이나 기성세대가 일자리를 만들어주기를 기다리기보다는 청년들 스스로 새로운 일과 삶을 정의해나가야 한다.

삶의 원칙에 대한 성찰로 공동체와 연대의 가치를 회복하자

시민경제학에서는 '다른 이까지도 행복하게 하지 않고서는 스스로 행복해질 수 없는 게 세상의 법칙'이라고 한다. 경쟁과 각자도생만이 자본주의를 유지하는 원칙인 줄 알았는데 그렇지 않다는 것이다. 경쟁과 각자도생의 결과가 지금의 현실이라면 이제 다른 방식에 대해서도 고민해야 하지 않을까. 저성장 시대를 슬기롭게 헤쳐나가려면 경쟁과 성공의 이데올로기를 협동과 호혜로 바꾸고 고속 성장의 시대에 빼앗겼던 인간성과 공동체를 회복해야 한다.

청년들부터 경쟁에서 이겨야 더 나은 삶을 살 수 있다는 허위의식에서 깨어나야 한다. 경쟁이 아니라 공동체 속에서 행복을 찾을 수 있음을 경험해 보자. 함께 무언가를 이루고, 성공의 과실을 나누며, 타인의 행복을 진심으로 빌어주는 사회를 만들어보자. 청년들은 또한 각자도생을 요구하는 사회 시스템을 거부하고 적극적으로 다른 방식의 삶을 모색하여야 한다. 새로운 시대의 가치를 탐색하고 터득해 진정한 행복을 찾아가야 한다. 인싸가 되기 위해 애쓰고 아싸를 배제하는 것이 아니라 공동체 안에서 함께 만들어가는 행복에도 눈길을 돌려야 한다. 청년의 위기는 우리 시대의 위기이며 그것을 극복하는 것은 다 같이 공동체와 연대의 가치를 회복하는 일이다.

일의 새로운 정의[53]

2019년 '새해'와 함께 언급된 단어의 빈도를 어느 포탈에서 분

---

53) <강민정, "일의 새로운 정의" 국민일보, 2019.1.18>를 바탕으로 재구성.

석해보니 전년도까지만 해도 없었던 '퇴사'가 순위권에 올라왔다고 한다. 취업사이트 잡코리아에서는 입사 후 1년 안에 회사를 그만두는 청년들이 66%라는 조사결과를 내기도 하였다. 치열한 입시경쟁을 뚫고, 취업준비와 스펙 쌓기로 대학시절을 보내고 드디어 취업해서 한시름 놓았는데, 퇴사라니! 단군 이래 최대의 스펙이라는 청년들은 저임금과 권위적인 조직 문화, 자율성이 보장되지 않는 환경을 견디다 결국은 진정한 나의 삶을 찾겠다며 퇴사를 꿈꾼다.

한정된 일자리를 놓고 무한경쟁에 내몰린 청년들은 안정을 희구한다. 2019년 통계청 사회조사에서 중·고등학생과 대학생들이 가장 선호하는 직업으로 꼽은 것은 공무원과 공기업이었다. 10년 전만 해도 농담 코드였던 '요즘 아이들의 꿈은 정규직'은 이제 엄연한 현실이다. 엄청난 경쟁을 뚫고 들어간 안정된 직장에서 청년들은 행복할까. 먹고 살기 위해, 혹은 더 많은 부와 높은 지위를 위해, 자신의 개성이나 취향과는 상관없이 진로를 선택하는 사람들은 불행하다. 청년들이 퇴사를 꿈꾸는 이유다. 우리의 삶에서 진정한 선택의 자유를 가진다면 그리고 그것이 진정한 행복에 가까워지는 것이라면, 우리의 일과 삶은 어떻게 변해야 할까?

탈일자리(Dejobbing) 시대가 오고 있다. 아침이면 출근해 8시간 동안 일하고 저녁에 퇴근하는 고정된 일터의 종말을 의미하며 각자가 전 생애에 걸쳐 '일의 포트폴리오'를 꾸려가며 살게 된다는 뜻이다. 일을 제공하고 필요로 하는 당사자를 연결하는 플랫폼 서비스가 생겨나면서 필요할 때마다 임시로 채용하는 크라우드 워커(crowd worker)가 확산 중이다. 세계적인 저성장 기조에 4차 산업혁명의 도래로 일자리가 줄어드는 추세가 더해지면서, 장기화된 청년

실업이 해소되기는 힘들어 보인다. 우리가 할 수 있는 일은, 일자리를 새롭게 정의하여 새로운 시대에 걸맞은 일자리를 창출하거나, 청년들 스스로 새로운 일과 삶을 정의하도록 하는 것이다.

고정된 일터는 산업혁명 이후 대공장 시대가 도래하며 등장한 것으로, 인류의 오랜 역사에서 볼 때 특정 시기에 나타난 현상일 뿐이다. '고용'된 형태의 일자리는 우리 삶의 많은 일을 가치가 없는 일로 바꿔버렸다. 문화·창작 활동과 돌봄 노동은 가치 있는 일인데도 기업과 고용 계약을 맺기 힘든 분야여서 노동가치가 제대로 매겨지지 않는다.

돌봄 노동이 건강하고 공감능력이 있으며 효율적 조직능력이 있는 프로페셔널의 영역으로 재정의된다면 어떤 가치가 매겨질까. 지역 혁신 비즈니스나 지역 공동체의 다양한 비영리 활동이 제대로 된 일로 정의된다면 청년들의 창의성이 더해져 더 큰 사회적 가치를 낼 수 있게 되지 않을까. 우리 삶의 다양한 일들에 제대로 가치를 부여하고 사람들이 이 일을 통해 경제적 보상을 받을 수 있도록 시각을 바꿔보자. 청년들 스스로 일과 삶을 재정의할 수 있는 환경을 만들어 주자. '스스로 일을 조직하는 형태'인 창직과 창업을 통해 자유로운 일과 삶이 가능해진다면 인간은 더 행복해질 수 있다.

이렇게 되면 굳이 한정된 일자리를 찾아 서울을, 대기업을, 엘리트를 지향할 필요가 없어진다. 교육현장에 무의미한 스펙 경쟁이 없어지고, 더 많이 소유하는 것이 아닌 더 의미 있는 존재를 지향하는 삶을 희구하게 될 것이다. 지역에서의 소박한 삶, 함께 나누는 삶의 가치를 소중히 여기게 될 것이다. 공무원과 정규직을 꿈꾸는 것이 아니라, 창의적이고 자유로운 기업가정신 함양에 청년들은 더 시간을 쓰게 될 것이다.

　이러한 전환이 가능하려면 청년들이 진정한 선택의 자유를 누릴 수 있어야 한다. 청년들에게 자신을 발견하고 미래를 설계할 수 있도록 갭이어를 줘야 한다. 국가도 고정된 일터 중심의 사회 보장 정책을 넘어 고용되지 않은 사람들의 삶의 안정성을 보장하도록 복지의 패러다임을 전환하여야 한다. 청년들이 미래를 계획할 때, 잠시 일에서 벗어나 있을 때, 경제적 불안 없이 살아갈 수 있도록 기본소득이 보장되어야 한다. 4차 산업혁명은 제도적 뒷받침이 있을 때 비로소 우리의 삶을 긍정적으로 바꿔낼 수 있다. 청년들은 지금 선택의 자유가 필요하다.

전환의 안전망 기본소득

　대학에서 내가 만난 학생들은 다행히 다양한 차원에서의 문제 해결과 새로운 경험을 즐거워한다. 이런 경험이 직업이 되고, 창업이 될 수 있다는 생각에 들뜨기도 한다. 학생들이 관심을 보일 때마다 지역혁신 비즈니스와 소셜벤처 창업에 도전하라고, 거기에 진짜 미래가 있다고 이야기한다. 그러나 그렇게 권유하는 과정에서 나는 그들의 불안을 읽는다. 내가 권하는 길은 우리 사회가 지금까지 성공이라고 여겨왔던 길과는 다르다. 그 길로 가는 로드맵도 롤모델도 잘 보이지 않는다. 무엇보다 학교나 사회가 그 길을 가는 동안 얼마나 기다려주고 지지해줄 수 있을 것인가.

　대학들이 학생 창업을 독려하고, 이를 위해 다양한 프로그램과 동아리 활동 등을 지원하고 있지만 창업하는 학생들은 몇몇에 그친다. 창업을 경험했더라도 졸업할 때가 가까워지면 기존 취업 전선이나 공무원 시험으로 눈을 돌린다. 왜 이럴까. 학교와 사회가 청년들에게 새로운 도전을 하라고 하지만, 이들이 감수해야 할 경제적·심리적 불안정은 각자가 해결해야 할 몫으로 남겨져 있기 때문이다. 고정된 일터가 줄어들고 개인의 일과 삶의 형태가 변화를 맞고 있는 전환기를 맞아, 청년들에게 아무 데나 취직하라고 밀어내기보다, 다양한 영역에서 창직과 창업의 길을 안심하고 모색할 수 있도록 도와줘야 한다. 일터를 떠난 기간에도 주거, 교육 등 삶의 질을 유지할 수 있도록 사회적 안전망을 제공해야 한다. 그렇지 않으면 취직이 어려우니 그냥 각자 창업이나 해서 살아남으라는 것밖에 안 된다. 이를 해결하는 방법이 기본소득이다.

오늘날의 한국 사회는 개인의 의지와는 상관없이 자산을 가진 베이붐 세대가 끊임없는 지대를 추구하면서, 그 지대 수익에서 처음부터 배제된 청년들을 착취하는 구조가 되어 가고 있다. 이러한 구조는 정치를 통해서 바꿔나가야 하며, 정부는 모든 권한을 다해서 지대에서 세금을 걷고 이를 청년들이 새로운 도전을 할 수 있는 쪽으로 돌려줘야 한다. 대학은 청년들로 하여금 우리 사회의 다양한 문제에 대한 관심을 유도하고, 학생들이 혁신적인 방법으로 문제를 해결하면서 이를 통해 창직과 창업을 해내는 선순환과 생태계를 만들어내야 한다.

새로운 존재양식으로서의 창업과 자기기업가정신

좋은 학교를 나와 좋은 직장에 취직해서 평생 그 직장에서 일하다 퇴사하는 시대는 지났다. 우리 역사에서조차, 그런 삶은 실제 딱 30년 정도였다. 청년들은 학생 시절에 다양한 사회혁신과 지역혁신 프로젝트를 경험하고, 졸업할 즈음에는 관련 분야에서 창업을 하거나 일할 수 있는 역량을 갖추도록 하여야 한다. 기존 기업과 시스템만 믿고 줄을 설 것이 아니라 청년 스스로 일과 삶을 정의해 나가는 것이 지금의 한국사회가 맞고 있는 전환기를 겪어내는 올바른 방향이다. 그것이 자기기업가정신이다.

사회적 기업가정신

사회적 기업의 방식이 우리 사회의 모든 문제들을 해결할 수는 없지만, 사회혁신가라는 새로운 존재형태에 공감하는 청년들이 등장하고 사회문제를 기업의 방식으로 해결해보겠다는 새로운 흐름이 존재한다는 점은 흥미로운 변화이다. 전환의 시대, 청년들이 사회를 바라보는 시선이 변화하고, 자신의 일과 삶에 대한 성찰이 일어나고 있는 가운데, 청년들이 자기기업가정신을 실현할 수 있는 좋은 토대가 바로 사회적 기업가정신이다. 사회적 기업은 새로운 일을 하고 싶어 하는 새로운 세대가 새로운 존재양식으로서의 창업을 경험하기에 훌륭한 도구이다. 이 책이 새로운 세대의 자기기업가정신과 사회적 기업가정신을 실천해나가는 데 길잡이이자 친구가 될 수 있기를 바란다.

참고문헌

강민정 외 (2019), 『사회혁신과 기업가정신』, 한림대학교 LINC+사업단.

강민정 (2018), "사회혁신 생태계의 현황과 발전 방안", 한국경영교육학회, [경영교육연구], 97 – 123, 33 – 1호.

강민정 (2018a), "사회적 기업에 대한 임팩트 투자 활성화 정책", 사회적기업학회, [사회적기업연구], 109 – 133, 11 – 2호.

강민정 (2018b), 『미디어공동체 완두콩 협동조합』, 동그라미재단 Local Challenge Project Case Study Working Paper Series 2018 – 01.

강민정 (2018c), 『동네방네 협동조합』, 동그라미재단 Local Challenge Project Case Study Working Paper Series 2018 – 02.

강민정 (2018d), 『토닥토닥 협동조합』, 동그라미재단 Local Challenge Project Case Study Working Paper Series 2018 – 03.

강민정 (2017), "사회적 기업가 육성 방법론 연구", 사회적기업학회, [사회적기업연구], 187 – 218, 10 – 1호.

강민정 (2017a). "사회혁신 생태계 현황과 발전 방안", STEPI Working Paper Series 2017 – 4. 과학기술정책연구원.

강민정 (2015), "혁신형 사회적기업 창업을 위한 소셜이슈 분석과 기회탐색", 강민정 외, 『소셜 이슈 분석과 기회탐색 I』, 서울: 에딧더월드.

강민정 (2015a), "비즈니스와 사회혁신", 심상달 외, 『사회적 경제 전망과 가능성』, 서울: 에딧더월드.

강민정 (2015b), "사회적 벤처와 임팩트 투자", 심상달 외, 『사회적 경제 전망과 가능성』, 서울: 에딧더월드.

강민정 외 (2015), "사회적 기업가 육성을 위한 창업역량 연구", 한국경영

교육학회, [경영교육연구], 30 – 1호.

강민정 (2014), "'사회적기업 혁신체제' 접근을 통한 사회적기업 연구 경향 분석", 한국비교정부학회, [한국비교정부학보], 18 – 1호.

강민정 외 (2014), "사회적 기업가 대학원 커리큘럼 개선방안 연구 – 창업 교육을 중심으로", 한국경영교육학회, [경영교육연구], 29 – 2호.

강민정 외 (2014a), "자본시장을 통한 임팩트 투자 활성화에 관한 연구", 한국증권법학회, [증권법연구], 15 – 11호.

강민정 (2012), "사회적 벤처와 사회적 영향투자 활성화 정책", [Korea Business Review], 16 – 2호.

국회예산정책처 (2020), "2020 NABO 장기 재정전망"

교육부 (2020), 「경제협력개발기구(OECD) 교육지표 2020」 결과 발표 보도자료

김기헌 (2018), 『청년프레임』, 서울: 이담.

김낙년 (2015), 『한국의 부의 불평등, 2000 – 2003: 상속세 자료에 의한 접근』, 낙성대경제연구소.

김난도 (2010), 『아프니까 청춘이다』, 서울: 쌤앤파커스.

김정래 외 (2012), 『나는 작은 회사에 다닌다』, 통영: 남해의 봄날.

김홍중 (2016), 『사회학적 파상력』, 서울: 문학동네.

남대일 외 (2015), 『성공하는 스타트업을 위한 101가지 비즈니스 모델 이야기』, 서울: 한스미디어.

라준영 (2010), "사회적 기업의 비즈니스 모델", [벤처경영연구], 13 – 4호.

미스핏츠 (2015), 『청년, 난민되다』, 서울: 코난북스.

바꿈 청년네트워크 (2017), 『청년사이 꿈을 묻다』, 서울: 민중의 소리.

바꿈 청년네트워크 (2016), 『세상을 바꾸는 청년 사회입문서』, 서울: 궁리 출판사.

박민규 (2005), "갑을고시원 체류기", 『카스텔라』, 서울: 문학동네.

성공회대학교 동아시아연구소 (2018), 『정동하는 청춘들』, 서울: 채륜.

성지은 외, '국내 리빙랩 현황 분석과 발전 방안 연구', 『정책연구』, 과학기술정책연구원, 2017.9.

송두범 외 (2017), 『우리는 왜 농촌마을 홍동을 찾는가』, 홍성: 그물코.

신광영 (2013), 『한국사회 불평등 연구』, 서울: 후마니타스.

아즈마 히로키 (2007), 『동물화하는 포스트모던』, 이은미 역, 서울: 문학동네.

우석훈 외 (2007), 『88만원 세대』, 서울: 레디앙.

오연호 (2014), 『우리도 행복할 수 있을까』, 서울: 오마이북.

와타나베 이타루 (2014), 『시골 빵집에서 자본론을 굽다』, 정문주 역, 서울: 더숲

유병선 (2016), 『고장난 자본주의에서 행복을 작당하는 법』, 서울: 위즈덤하우스.

은수미 (2017), 『은수미의 희망마중: 알바가 시민이 될 수 있나요?』, 서울: 윤출판.

이광재 (2016), 『청년경제 혁명선언』, 서울: 세빛.

이 범 (2018), 『나의 직업, 우리의 미래』, 서울: 창비.

이병천 (2014), 『한국 자본주의 모델』, 서울: 책세상.

이원재 (2016), 『아버지의 나라, 아들의 나라』, 서울: 어크로스.

이재열 (2015), 『한국사회의 질』, 서울: 한울.

이회수 외(2014), 『청춘 착한기업 시작했습니다: 젊은 사회적 기업가 12인의 아름다운 반란』, 서울: 부키.

임현진 외 (2014), 『뒤틀린 세계화』, 서울: 나남.

장종익 외 (2015), 『비즈니스 모델로 본 영국 사회적 기업』, 서울: 알마.

정다운 (2015), 『제주에서 뭐 하고 살지?』, 통영: 남해의 봄날.

정은영 외 (2013), 『서울을 떠나는 사람들』, 통영: 남해의 봄날

조성주 (2015), 『린스타트업 바이블』, 서울: 새로운 제안.

조성주 (2012), 『스타트업을 경영하다』, 서울: 케이펍.

조한혜정 외 (2016), 『노오력의 배신』, 서울: 창작과 비평.

조현 (2018), 『우리는 다르게 살기로 했다』, 서울: 휴.

조형근 외 (2015), 『섬을 탈출하는 방법』, 서울: 반비.

중소기업벤처기업부(2021), "2020년 신규 벤처투자 실적 성과" 발표 보도자료

중앙일보 청춘리포트 팀 (2016), 『청춘 리포트』, 서울: 맥스미디어.

천주희 (2016), 『우리는 왜 공부할수록 가난해지는가』, 서울: 사이행성.

청울림 (2018), 『나는 오늘도 경제적 자유를 꿈꾼다』, 서울: 알에이치코리아.

통계청 (2019), 『한국의 사회동향 2018』.

통계청 (2020), '2019년 장래인구특별추계를 반영한 내외국인 인구전망 2017~2040'

하지현 (2018), 『불안 위에서 서핑하기』, 서울: 창비.

한국은행 경제연구원(2019), 「經濟分析」 제25권 제1호 (2019.3)

한국보건사회연구원 (2019), 『2018 전국 출산력 및 가족보건·복지실태조사』.

한겨레신문사 (2016), 아시아 청년 사회혁신가 국제포럼, "청년, 마을에서 길을 찾다" 자료집

한윤형 외 (2015), 『열정은 어떻게 노동이 되는가』, 서울: 웅진지식하우스.

혜민 (2017), 『멈추면, 비로소 보이는 것들』, 서울: 수오서재.

Alesina, A. and Glaeser, E.L. (2004), *Fighting Poverty in the US and Europe: A World of Difference*, Oxford University Press [전용범 역, 『복지국가의 정치학』, 서울: 생각의 힘, 2012].

Althusser, L. (1965), *Pour Marx*, Francois Maspero [서관모 역, 『마르크스를 위하여』, 서울: 후마니타스, 2017].

Austin, J., Stevenson, H., and Wei−Skillern, J. (2006), Social and Commercial Entrepreneurship: Same, Different, or Both?, *Entrepreneurship Theory and Practice*. 1: 1−22.

Bauman, Z. (2001), *The Individualized Society*, Polity Press [홍지수 역, 『방황하는 개인들의 사회』, 서울: 봄아필, 2013].

Bauman, Z. (2005), *Work, Consumerism, and the New Poor*, Mcgrow−Hill.

Bauman, Z. (2012), *On Education: Conversations with Riccardo Mazzeo*, Polity Press [나현영 역, 『지그문트 바우만, 소비사회와 교육을 말하다』, 서울: 현암사, 2016].

Bergmann, F. (2004), *Neue Arbeit, Neue Kultur*, Arbor Verlag.

Berman, S. (2006). *The Primacy of Politics*, Cambridge University Press [김유진 역, 『정치가 우선한다』, 서울: 후마니타스, 2010].

Blank, S. and Dorf, B. (2012), *The Startup Owner's Manual*, K&S

Ranch [김일영 외 역, 『기업창업가매뉴얼』, 의왕: 에이콘, 2014].

Bornstein, D. and Davis, S. (2010), *Social Entrepreneurship: What Everyone Needs to Know*, Oxford Univ. Press [박금자·심상달 역, 『사회적 기업가정신』, 서울: 지식공작소, 2012].

Bishop, M. and Green, M. (2008), *Philanthro-Capitalism : How Giving Can Save the World*, A&C Black London.

Bugg-Levine, A and Emerson, J. (2011), *Impact Investing: Transforming How We Make Money While Making a Difference*, Jossey-Bass [강신일, 권영진, 김수희 역, 『임팩트 투자』, 서울: 에딧더월드, 2013].

Chakravorti, B. (2003), *The Slow Pace of Fast Change*. Harvard Business Review Press [이상원 역, 『혁신의 느린 걸음』, 서울: 푸른숲, 2005].

Christensen, C. (1997), *The Innovator's Dilemma: When New Technologies Cause Great Firms Fail*, Harvard Business School Press.

Christensen, C., Scott, A. and Erik, R. (2004), *Seeing What's Next*, Harvard Business School Press.

Collins, J. (2001), *Good to Great*, Harper Business [이무열 역, 『좋은 기업을 넘어 위대한 기업으로』, 서울: 김영사, 2002].

Dees, G. (2009), Philanthropy and Enterprise: Harnessing the Power of Business and Social Entrepreneurship of Development, *Innovation*, Special Edition for the Skoll World Forum.

Dees, G. (2001), *The Meaning of "Social Entrepreneurship"*, http://www.caseatduke.org/documents/dees_sedef.pdf.

Drucker, P. (2006), *Innovation and Entrepreneurship*, Harper Business [권영설 역, 『피터드러커의 위대한 혁신』, 서울: 한국경제신문사, 2006].

Dunlop, T. (2017), *Why the future is workless?*, Wales: University of New South Wales Press [엄성수 역, 『노동없는 미래』, 서울: 비즈니스맵, 2018].

Faltin, G. (2013), *Brains versus Capital: Entrepreneurship for*

Everyone—Lean, Smart, Simple, Stiftung Entrepreneurship [김택환 역, 『아이디어가 자본을 이긴다』, 서울: 한겨레 출판, 2015].

Fisher, M. (2009), Income is Development, *Innovation*, Special Edition for the Skoll World Forum.

Ferguson, J. (2015), *Give a Man a Fish*, Duke University Press [조문영 역, 『분배정치의 시대』, 서울: 여문책, 2017].

Fraser, N. and Honneth, A. (2003), *Umverteilung oder Anerkennung? : Eine politisch—philosophische Kontroverse*, Suhrkamp Verlag [김원식 외 역, 『분배냐 인정이냐?』, 고양: 사월의 책, 2014].

Fromm, E. (1978), *To Have or To Be?*, New York: Harper & Row Publishers [최혁순 역, 『소유냐 존재냐?』, 서울: 범우사, 1988].

Fuzinami, T. (2016), *Jinkougen Ga Chihou Wo Tsuyokusuru*, Nikkei Publishing [김범수 역, 『젊은이가 돌아오는 마을』, 서울: 황소자리, 2018].

Giroux, H. (2011), *Disposable Youth: Racialized Memories, and the Culture of Cruelty*, Routledge [심성보 외 역, 『일회용 청년』, 서울: 킹콩북, 2015].

Hegel, F. (1971), *Philosophy of Mind*, Oxford University Press [김양순 역, 『헤겔의 정신현상학』, 서울: 동서문화사, 2016].

Hoggard, L. (2005), *How to be Happy*, London: BBC Broadcasting [이경아 역, 『영국 BBC 다큐멘터리 행복』, 서울: 예담, 2006].

ILO (2016), "ASEAN in transformation: How technology is changing jobs and enterprises."

Kant, I. (1784), *Beantwortung der Frage: Was ist Aufklärung?*, *Berlinische Monthly* [임홍배 역, 『계몽이란 무엇인가』, 서울: 길, 2020].

Kelly, T. and Kelly, D. (2013), *Creative Confidence: Unleashing the Creative Potential Within Us All*, New York: Crown Business [박종성 역, 『유쾌한 크리에이티브』, 서울: 청림출판, 2014].

Keynes, M. (1930), "Economic Possibilities for our Grandchildren" in

Essays in *Persuasion*, New York: Harcourt Brace, 1932.

Lumplin, G. and Dess, G. (1996), Clarifying the entrepreneurial orientation construct and linking it to performance, *Academy of management Review*, 21(1):135−172.

Mulgan, G., Tucker, S. and Wilkie, N. (2006), *Social Silicon Valleys: A Manifesto for Social Innovation*, The Young Foundation.

OECD (2005), The Definition and Selection of Key Competencies Executive Summary
http://www.oecd.org/education/skills−beyond−school/definitionand selectionofcompetenciesdeseco.htm

OECD (2020), How's Life 2020: Measuring Well−being, March 2020.

Piketty, T. (2013), *Capital in the Twenty−First Century*, Edition du Seuil [장경덕 외 역, 『21세기 자본』, 서울: 글항아리, 2014].

Porter, M. and Kramer, M. (2011), Creating Shared Value, *Harvard Business Review*, 89(1/2).

Roth, C. (2011), *The Entrepreneur Equation*, BenBella Books [유정식 역, 『당신은 사업가입니까』, 서울: 알에이치코리아, 2014].

Russel, B. (1935), *In Praise of Idleness and Other Essays*, London: George Allen & Unwin [송은경 역, 『게으름에 대한 찬양』, 서울: 사회 평론, 2005].

Saul, J. (2012), *Social Innovation Inc.*, Jossey−Bass.

Schumpeter, J. (1934), *Theorie der wirtschaftlichen Entwicklung*, Duncker & Humblot [박영호 역, 『경제발전의 이론』, 서울: 지만지, 2014].

Schwartz, B. (2012), *Rippling: How Social Entrepreneurs Spread Innovation Throughout the World*, Jossey−Bass [전혜자 역, 『체인지 메이커 혁명』, 서울: 에이지21, 2013].

Senet, R. (2007), *The Culture of the New Capitalism*, Yale University Press.

Skidelsky. R. and Skidelsky E. (2012), *How Much is Enough?: The*

Economics of The Good Life, Peters Fraser & Dunlop [김병화 역, 『얼마나 있어야 충분한가』, 서울: 부키, 2013].

Stephany, A. (2015), *The Business of Sharing: Making it in the New Sharing Economy*, Palgrave Macmilan [위대선 역, 『공유경제는 어떻게 비즈니스가 되는가』, 서울: 한스미디어, 2015].

Stiglitz, J. (2010), *Measuring Our Lives*, The New Press [박형준 역, 『GDP는 틀렸다』, 서울: 동녘, 2011].

Vogel, P. (2015), *Generation Jobless?: Turning the youth unemployment crisis into opportunity*, Palgrave Macmillan [배충효 역, 『청년실업 미래보고서』, 서울: 원더박스, 2016].

Weber, M. (1922), *Wirtschaft und Gesellschaft*, Mohr Siebeck [박성환 역, 『경제와 사회』, 서울: 문학과 지성사, 1997.]

Young Foundation (2006), *Social Silicon Valleys: a manifesto for social innovation, what it is, why it matters, how it can be accelerated*. The Basingstoke Press.

Zamagni, S. and Bruni, L. (2004), *Economia Civile*, Bologna: Societa editrice il Mulino [제현주 역, 『21세기 시민경제학의 탄생』, 서울: 북돋움, 2015].

신문과 잡지

국민일보 칼럼, 2018.12.21. 강민정, "청년이 정착하는 청정지역"

국민일보 칼럼, 2019.1.18. 강민정, "일의 새로운 정의"

국민일보 칼럼, 2019.2.15. 강민정, "기본소득으로 선택의 자유를"

국민일보 칼럼, 2019.3.15. 강민정, "홍달이를 아시나요"

국민일보 칼럼, 2019.4.12. 강민정, "아픔의 전문가되기"

시사인, 2017.3.1 "굶고 견디고 때우는 청년 흙밥 보고서"

이코노미 인사이트, 2016.3.1. "로봇에 밀려난 인간, 내일 뭐먹지?."

KBS NEWS, 2018.9.14. "주거비 '1000에 50' 너무나 무거운 20대의 무게"

1코노미뉴스, 2020.11.11. "소득 38% '집세' - 어깨 무거운 청년 1인 가구"

찾아보기(인명)

찾아보기(사항)

저자소개

강민정

한림대학교 사회혁신경영전공 교수로 재직하며 청년들을 소셜벤처 창업가로 육성하는 데 힘쓰고 있다. 서울대학교 사회학과를 졸업하고 영국 에딘버러 대학에서 과학기술학으로 박사학위를 받았다. SK텔레콤 경영전략실, 미래연구실 등에서 정보통신기술과 산업 전략, 사회책임경영 분야를 담당하였고, KAIST 경영대학 SK사회적기업가센터 부센터장으로서 사회적 기업가 MBA를 설계하고 운영하는 데 참여하였다. 저서로는 『소셜이슈 분석과 기회탐색』의 책임저자로, 『사회적 경제의 전망과 가능성』, 『사회문제 해결을 위한 과학기술과 사회혁신』의 공저자로 참여한 바 있다.

탈일자리 시대와 청년의 일

초판발행	2021년 4월 15일
중판발행	2022년 4월 14일
지은이	강민정
펴낸이	안종만·안상준
편 집	전채린
기획/마케팅	손준호
표지디자인	BenStory
제 작	고철민·조영환

펴낸곳　　　(주) **박영사**
서울특별시 금천구 가산디지털2로 53, 210호(가산동, 한라시그마밸리)
등록 1959. 3. 11. 제300-1959-1호(倫)

전 화	02)733-6771
f a x	02)736-4818
e-mail	pys@pybook.co.kr
homepage	www.pybook.co.kr
ISBN	979-11-303-1301-6 93320

정 가　　　15,000원

이 저서는 2017년 대한민국 교육부와 한국연구재단의 지원을 받아 수행된 연구임 NRF-2017S1A6A4A01022478

This work was supported by the Ministry of Education of the Republic of Korea and the National Research Foundation of Korea NRF-2017S1A6A4A01022478